Rolf Friedrich Schuett

Aphorismen zur Zeitaltersweisheit

ROLF FRIEDRICH SCHUETT

APHORISMEN ZUR ZEITALTERSWEISHEIT

Books on Demand

Bibliographische Information Der Deutschen Bibliothek:
Die Deutsche Bibliothek verzeichnet diese Publikation in der
Deutschen Nationalbibliographie; detaillierte bibliographische Daten
sind im Internet über http://dnb.ddb.de abrufbar.

Copyright © 2014 Rolf Friedrich Schuett

Herstellung und Verlag :
BoD – Books on Demand, Norderstedt

Gedruckt auf alterungsbeständigem Papier (holz- und säurefrei)

Umschlaggestaltung : E. L. Schmidt

Printed in Germany

ISBN 978-3-7357-3914-8

„Meistes ist in sechs bis acht
Wörtern völlig abgemacht,
und in ebensoviel Sätzen
läßt sich Bandwurmweisheit schwätzen." *(Christian Morgenstern: „Die Brille")*

„Sprachkürze gibt Denkweite." *(Jean Paul)*

„Ein Haufen aufs Geratewohl hingeschütteter Dinge ist die schönste Weltordnung." *(Heraklit, um 500 v. Chr.)*

„Sei kurz im Wort und ausführlich im Denken." *(Sprüche der Ssoferim)*

„Das kleinste mögliche Ganze" : „Aphorismen schreiben sollte nur einer, der große Zusammenhänge vor sich sieht." *(Robert Musil)*

„Witzige Einfälle sind die Sprichwörter des gebildeten Menschen."
(Friedrich Schlegel)

„Jede präzise Definition der Welt muß ein Paradoxon sein."
(Stanislaw J. Lec)

„Der Geist des Widerspruchs und die Lust am Paradoxon steckt in uns allen." *(J. W. Goethe)*

„Esprit de finesse" : „Die tiefsten und unerschöpflichsten Bücher werden wohl immer etwas von dem aphoristischen und plötzlichen Charakter von Pascals *Pensées* haben." „Mein Ehrgeiz ist, in zehn Sätzen zu sagen, was jeder andere ... in einem Buch *nicht* sagt." *(Friedrich Nietzsche)*

„Ein lakonisches Volk sind wir nicht." *(Johannes Gross, 1996)*

„L´obscurité protège mieux que la loi." *(Rivarol)*

„Der Witz ist das Prinzip und Organ der Universalphilosophie."
(Friedrich Schlegel)

Für Elke

Kurz und klein, aber fein

Gott wurde Mensch. Nicht der Mensch.

Phällt ein Wasserhahn ab, entsteht kein Wasserhuhn.

Wer das Fleisch nimmt, lässt dir meist die Knochen und nicht den Geist.

Man kämpft für die Freiheit, also für die Autokratie der faulsten Launen.

Reue ist der ehrliche Schwur, beim nächsten Mal geschickter vorzugehen.

Was deine Theorien widerlegt, nennst du bloße Theorie, und was meine Theorien widerlegt, nennen deine Theorien nackte Tatsache.

Geist und Gewalt sind solange Todfeinde, bis der Geist der Macht über die Macht des Geistes kommt.

Was immer war, ist seiner Zeit immer besonders weit voraus.

Die Welt zu gestalten, ist die sicherste Form, sie nicht zu sehen, wie sie ist.

Der Staat, der freien Wettbewerb fördert, verletzt schon das Laisser faire.

Betrachtet Gott unsere Pläne als jene Zufälle, die wir in seiner Vorsehung sehen?

Dass alles kontextabhängig ist, soll selber kontextunabhängig sein?

Wahre Mündigkeit äußert sich schriftlich.

Hiob : Ist gerade die Unannehmbarkeit der Schöpfung anzunehmen?

Aus dem Begriff von Gott folgt noch nicht seine Existenz, Kant hat recht, aber aus der Entfernung des Gottesbegriffs auch nicht seine Nichtexistenz.

Schurken werden für Verdienste bestraft wie Heilige für Vergehen belohnt

Das Leben wirkt umso kürzer, je länger man lebt.

Nur Irre sind unbeirrbar.

Früher ermöglichten Arbeitssklaven die philosophische Muße, die sie nicht selber genossen, wenigstens anderen.

Natur ist Reden, Kultur ist Zuhören - und Überschuß über bloßen Überbau.

Wer seine Trieblosigkeit verdrängt, verdoppelt seine Lustanstrengungen.

Ein Ehepartner hat auf die Wahrheit nur ein Stereopol.

Alle Menschen sind verschieden in derselben gemeinsamen Welt und alle gleich in verschiedenen Welten.

Sophokles´ Ödipus liebte seine Frau und wußte nicht, daß sie seine Mutter war. Freuds Ödipus liebte seine Mutter und wußte nie, daß er sie begehrte.

Aufrechter Gang stellt sich auf die Hinterbeine, bis er die Nase nicht mehr ins Hinterteil des Vordermanns steckt.

Alchemie? Nur Goldsucher finden Porzellan und Schießpulver.

Stubenhocker kommen oft viel weiter als Weltreisende.

Schenkst du mir mehr als nur Gehorsam, unterwirfst du dich leichter.

„Keiner versteht mich", prahlen die Jungen und jammern die Alten.

Der Teufel ist der geborene Verlierer: Wer verliert, wird stets verteufelt.

„Multikulti" gipfelt in der Kenntnis der fremdesten Kultur – der eigenen.

Schreibtische sind allen Straßenbarrikaden elfenbeinturmhoch überlegen.

Gute Satiriker machen immer wieder die Welt schlecht, die der Engagierte gerade verbessert.

Sage in einer halben Zeile nur, was sich im ganzen Buch nicht sagen lässt.

Wer keine Gedanken hat, macht sich auch darüber keine.

Verändere dein Bewusstsein nicht solange, bis es etwas ganz anderes ist als bloßes Bewusstsein.

Die Welt zwang Adorno den einen Grundgedanken auf, dass niemand der Welt nur einen einzigen Grundgedanken aufzwingen sollte.

Begriffen und Gefühlen ist gemeinsam, sie sind schreckliche Vereinfacher.

Gefühle sind das beliebteste Alibi der Gedankenlosen – und umgekehrt.

Freud zeigte, woran der sich vergeht, der vor Angst und Lust vergeht.

Wer nicht ausstirbt, wenn er stirbt, ist kein Individualist.

Der Idealismus landete auf der Flucht vor Materialisten beim Spiritismus.

Die ganze Welt ist kein einzelner Gegenstand, jeder einzelne Gegenstand aber eine ganze Welt. (Ich habe mehr Köpfchen, und du hast mehr darin.)

Geist ist seit langem ein Fremdwort für einen Fremdkörper.

Entweder bist du Paranoiker oder siehst überall nur absurde Zufälle.

Ein Kunstwerk, das nicht verlangen kann, die Launen des Künstlers zu ertragen, sollte unerschaffen bleiben.

Der Geizige lobt Leute, um sie nicht beschenken zu müssen, der Ehrgeizige beschenkt sie, um sie nicht loben zu müssen.

Haß kann nicht unterscheiden zwischen Blut und Wut, Liebe nicht zwischen Glut und Blöße. Liebe wird Sex, wo die Tuchfühlung nur Distanz schafft. „Schoß" ist männlich, „Hode" weiblich und „Zeugen" ursächlich.

Neider und Hasser ersetzen die beste Selbsterkenntnis.

Uneigennützigkeit ist die Objektivität der Praktiker, Sachlichkeit ist die Selbstlosigkeit der Theoretiker.

Klein ist, wer sich vor Größeren nicht klein und vor Kleineren nicht groß sehen kann.

Vergib der Welt, was du ihr nahmst, und dank ihr für das, was du ihr gabst.

Professoren pochen auf ihre Rechtsphilosophien, rücken heraus mit der Sprachtheorie, suchen nicht die Gesellschaft, sondern die Soziologie von Kollegen, genießen draußen die freie Naturwissenschaft, haben eine unsterbliche Psychologie und glauben an Theologie.

Es ist unvernünftig, die Ratio überall oder nirgends zu wünschen.

Keiner tut mir Gutes, weil ich gut bin; jeder nennt mich gut, der mir Gutes tut.

Reisebeschreibung ist ein Temperament, durch eine Geographie gesehen.

Einzelgänger aller Länder, vereinigt euch nicht gegen Vereinsmeier!

Wer Ordnung schafft, bringt das ganze Durcheinander ganz durcheinander, und Chaos verbreitet, wer die Ordnungen (ver)ordnet.

Wissen ist Macht: Wissenschaften sind eine Sache der Herrschaften.

Jeder hat die Pflicht, sein Recht auf Bildung zu verteidigen, und das Recht, seine Pflicht zur Bildung zu vergessen.

2000 Jahre von Sokrates bis Descartes : Ich denke besser, also bin ich besser.

Ein Reicher, der seinen Sklaven zu lange zuschaut, bekommt Muskelkater (den er ihnen dann berechnet).

Im sommerlichen Utopia tragen vornehme Nerze dünne Tierschützerhaut.

Realistische Praktiker sind Feiglinge. Sie flüchten vor gewagten Theorien.

Als charakterfest gilt schon, wer Argumente nicht versteht.

Wer seinen geraden Weg geht, verfehlt leicht des Lebens Labyrinth.

Lieber graue Theorie in grauen Zellen als blaue Bohnen und blutrote Praxis.

Vernünftig werden die meisten Menschen nur aus völlig verrückten Motiven.

Deine Freiheit ist das, was übrigbleibt, wenn deine Herren alles von dir haben, was sie wollen.

Wer nach dem Liebespartner ganz verrückt ist, sieht im Kondom nur eine Gummizelle.

Demokratischer Pluralismus heißt, daß man seinen eigenen Blödsinn nicht einfach vom Nebenmann übernehmen darf.

Babies haben noch nichts im Kopf. Erwachsene wissen tausendmal soviel.

Vaterlandsliebe ist oft nur Haß auf ausländische Vaterlandsliebe.

Wer vom Kopf in den Mund lebt, ist noch kein Intellektueller.

Ich danke dir, dass ich dich unterhalten habe.

Sei selbstlos: Denk auch mal an dich!

Ihr tut mir Gutes. Zur Strafe müsst ihr mich lieben.

Häufiger als geglaubt bangt man um den Starken und vor den Schwachen.

Nur die Überzeugten überzeugen, egal von was.

Gut behandeln wir allein, die noch weglaufen können.

Leichter ist Tugend ihr eigener Lohn als Sünde ihre eigene Strafe.

Das Sonnensystem ist der schärfste Gegner aller Gesellschaftssysteme.

Nächstenliebe tut dem Nächsten gelegentlich Unrecht, damit er sich auch einmal zurecht im Recht fühlen kann.

Wer nichts als nur Praktiker ist, ist nicht einmal das.

Feige soll ich sein? Ich nehme doch nur die Beine in die Hand.

Wirf dir bitte mein schlechtes Gewissen vor!

Man hat sein Herz auf dem rechten Fleck erst, wenn es in die Hose rutscht.

Am lebenden Feind kannst du oft leiden, am toten dich nur einmal freuen.

Glücklich über fremdes Glück ist meist nur der Glücksbringer.

Ich liebe und bewundere dich – und mich dafür noch viel mehr.

Wer vor Irrtümern bewahren will, warnt vor der Wahrheit.

Jeder Begriff von der Welt abstrahiert nur von ihrer Unbegreiflichkeit.

Wer einen leeren Zylinder von einem weißen Kaninchen hebt, ist noch kein Magier.

Auf das Licht der Welt fällt der Schatten der Bevölkerungspolitiker.

Pechvögel heißen gewöhnlich auch Friedenstauben.

Klügere Eulen suchen den Ausweg aus Athen.

Deutsche sind selten in der guten Verfassung, die sie haben.

Wer sich mit selbständigen Leuten identifiziert, wird gegen sie selbständig.

Manche können sich nur entwickeln, indem sie andere einwickeln.

Wissen? Es ist nicht einmal erwiesen, was alles noch nicht erwiesen ist.

Mancher ist so verschwiegen, dass niemand etwas davon weiß.

Sartre schuf dem Menschen die Fähigkeit, seine eigenen Fähigkeiten zu erschaffen, doch wer ist Egoist genug, sich selbst zum Egoisten zu machen?

Laß den Kopf erst hängen, wenn dir das Wasser nicht mehr bis zum Hals steht.

Manche Entwicklung ist geduldiges Auswickeln von Danaergeschenken.

Nur Bedrückendes, das er gedruckt verkauft, wird ein Autor wirklich los.

Er ist nicht das darwinistische Ausscheidungsergebnis himmlischer Konkurrenzkämpfe. Gott ist tot. Seither fehlt der Maßstab, ob Weltveränderer Weltverbesserer sind.

Wer Analysen haßt, hat sie zu fürchten, sagen Analytiker.

Einsteins Paradox: Wer die Lichtgeschwindigkeit erreichte, bliebe stehen, aber wer stillsteht, bewegt sich deshalb nicht mit Höchstgeschwindigkeit.

Halt deinen alten Körper fit für längere Demenz!

Manches Laster gesteht sich nur, um sein Ausmaß zu verbergen.

Das Volk darf reden, was es will, Hauptsache, es hat nichts zu sagen.

Du kompromittierst den, dessen Bekanntschaft dich aufwerten soll.

Vollbluträdchen erholen sich von Organisationen in Gegenorganisationen.

Die Gesellschaft schwatzt, das Individuum schreibt.

Die Welt ist etwas mehr als die Summe aller Bedingungen, unter denen du deinen freien Willen kriegst.

Man erkämpft sich die Freiheit, von seinen Trieben getrieben zu werden.

Der Unternehmer unterdrückt seine Betriebsangehörigen wie sein Über-Ich ihre – und nicht seine – Triebkräfte.

Politiker sind als Abenteurer so gut wie Poeten als Pragmatiker.

Köche, Müllarbeiter und Putzfrauen gehören eher an die Macht als Priester, Künstler und Philosophen.

Weltfromm weltfremd. Wer zu kurz kommt, weiß immer, wo es langgeht, doch mach dir nicht vor, dass du keinem was vormachst.

Nichts Größeres vollbringen die Vielen, die sich gemeinsam klein machen.

Warum beeindruckt immer, wer sich nie beeindrucken lässt?

Wittgenstein behandelt Probleme wie ein Arzt seine chronischen Patienten.

Ließ der Allmächtige sich ans Kreuz schlagen, damit jeder es nun auf sich nimmt oder ihn von dort abnimmt?

Unter jede Hölle lässt sich noch eine darunterschieben.

Das Schlechte ist nicht einmal gut für die Schlechten.

Im geistigen Wettstreit gibt es nur Gewinner: der eine triumphiert, der andere profitiert.

Was verkommt, das vergeht nicht gleich.

Wer Böses nur auslacht, kann Gutes nur noch beweinen.

Wer sich einfach gehen lässt, lässt noch keinen Gefangenen frei.

Wer noch zu Lebzeiten ein Klassiker werden will, schreibe nur die Sentenzen, zu denen alle Meisterwerke schließlich werden.

Es ist recht, Recht nicht Unrecht zu nennen, nicht schlecht, gut und böse nicht zu verwechseln, und nicht falsch, wahr von falsch zu unterscheiden.

Eher macht eine Geschichtsphilosophie selber Geschichte, als dass Historiker zu denken lernen.

Nicht alles ist allfähig, aber Gesetze offenbaren sich in Zufällen, und Zufälle bestätigen Gesetze. Kurz: Das Lebensschiff verkehrt auf Einflüssen, die über die Ufer treten, bis sie in eine See(le) münden.

Wisdom is power: Wissenschaften sind Machenschaften von Herrschaften oder Leidenschaften von Seilschaften.

Lastenausgleichsgesetz. Begnadigungen finden wir ungerecht und bloße Gerechtigkeit ein hartes Schicksal und Schicksal als Zufallstreffer.

Erwachsene einigen sich, Kindsköpfe verein-igen sich.

Körnchen Unwahrheit in Kautabletten

„Ein gelungener Satz ist bereits eine gute Tat." (Emile Zola)

Für dich gewinnen kannst du nur die, von denen du dich besiegen lässt.

Frei wirkt jeder, der nicht aus zu großer Nähe oder zu weiter Ferne betrachtet wird.

Manch dickes Fell ist eine altgewordene Gänsehaut.

Der Tod schließt dir nur die Augen, die erst das Alter dir öffnet.

Im Krieg sehen Optimisten nur das *slum clearing*, Pessimisten den einzigen Weg zum *slum clearing*.

Was standfest bleibt und Früchte trägt, vegetiert auch.

Geschichte: Die Einbahnstraße von vertrauten Mängeln zu unbekannten Leiden. Das Wahre ist das Unwahrscheinliche, nicht umgekehrt.

Bildung: Kreuzung von Dummköpfen und Bibliotheken.

Wer einen Lebenslauf hat und das Weite sucht, macht kreativen Gebrauch davon, daß er auf eigenen Füßen steht.

Der Sozialismus scheiterte beim Versuch, das Proletariat mit der Diktatur des Industrialismus zu versöhnen. Maschinenstürmer wären nie Kommunisten oder ihre Opfer geworden.

Christen: Gutgläubige, die durch denselben Gott unsterblich getrennt sind.

Gutes tut man ebenso oft aus Eigennutz wie Böses aus Nächstenliebe.

Wer vor Tatsachen die Augen verschließt, bleibt schlaflos, es sei denn, es sind die Augen anderer.

Ein Reicher weiß nie, daß er reich genug ist; ein Geistreicher weiß, daß er nie geistreich genug ist.

Die achte Todsünde liegt darin, alle sieben nicht einmal zu kennen.

Ein Mensch kann sich bestenfalls zum wilden Tier bändigen oder zum triebbegabten Engel enthemmen.

Der Tourismus versucht, auch seßhaften Bürgern zu so etwas wie einem Lebenswandel zu verhelfen.

Die Kritiker werfen einem Autor selten vor, daß er ebenso schlecht schreibt wie sie.

Wer mehr weiß, als er tut, und doch mehr tut, als er weiß, gilt schon als Mensch.

Absprachen sind Einigungen zwischen denen, die sie schon mündlich einhalten, und denen, die sie auch schriftlich nicht einhalten.

Man nimmt keine Vernunft an, die man nicht schon hat, und verliert nur einen Verstand, den man nie hatte.

Du bist physisch in der Welt, die Welt ist nicht psychisch in dir.

Ich kann mir mehr Dinge vorstellen, als es gibt, doch gibt es wohl noch mehr Dinge, als ich mir vorstellen kann, d. h. Gottes Phantasie übertrifft die des Menschen.

Frei zu bleiben heißt, so unentschlossen *nach* wie *vor* der Tat zu sein.

Denker sollten sagen, was unsere Sinne sagen würden, wenn sie Verstand hätten, aber das Denken ist alles, was Philosophen heute ihren Lesern überlassen.

Nur Zerstörtes zerstört. Wer hat angefangen?

An Ordnungen kennt man außerordentlich gut nur noch An- und Verordnungen.

Früher wirkte verklemmt, wer zuviel abwehrte. Wie viel muß heute verdrängt halten, wer hemmungslos handeln will?

Ist ein Tag zu lang, ist ein Leben zu kurz.

Wir handeln nur noch durch das, was wir herstellen. Du kannst untätig bleiben, deine Untaten sind Tätigkeiten deiner Industrieprodukte.

Experimentiert die Evolution mit denen, die gentechnische Experimente anstellen?

Wer drückt schon sich selber aus? Ein jeder drückt und scheidet nur Fremdkörper aus, die ihn bedrücken.

Ehrlichkeit verlangt von dir, wer nicht klug genug ist, deine Listen zu durchschauen.

Hänge einer Theorie an, doch nie ihren Anhängern.

Du verlierst deine Unabhängigkeit, wenn deine Abhängigkeit von der Gesellschaft von nichts weiterem mehr abhängt.

Die Gene bestimmen, was dein Leben dich lehren kann, doch du lernst nur, wozu Gene dich bestimmen sollen. Was wir erwerben, können wir vererben, doch was wir ererben, bestimmt, was wir erwerben.

Daß du die Dinge durch bloße Gedanken bewegen kannst, ist nicht verwunderlicher, als daß dein Wille die Hand bewegt, die den Besen bewegt.

Marxismus 2000 : Prekariatsphilosophie für Besseresverdienende.

Die freiheitsdurstigen Leute bezwingen irgendwann auch den Zwang, der nackten Wahrheit beizupflichten.

Frei fühlt sich, wer sich selbst für die Übermacht hält, die ihn bewegt.

Die christliche Kirche rühmt sich der himmlischen Eingebung, *daß* ihre Entscheidungen himmlische Eingebungen sind.

Physiker entwerfen die Bombe, Philosophen verwerfen sie, Politiker werfen sie, und alle unterwerfen sich.

Wer nicht öffentlich redet, kann offen reden.

Ein Wissen, das sozial nutzen soll, instrumentalisiert seine Benutzer.

Die Autoren der Vergangenheit erscheinen uns leicht harmonischer, als sie waren, und die Künstler der Gegenwart zerrissener, als sie sind.

Lieber sechzigjährige Lehrlinge als sechzehnjährige Lehrmeister!

Ratgeber erzeugen Unratnehmer. Man liebt Gott weniger als seine Familie und haßt seine Feinde mehr als den Teufel.

Jeder stand seinem Tod noch nie so nah (und seiner Geburt so fern) wie jetzt.

Werden die objektiven 100 Milliarden flackernden Nervenzellen erlebt als ein einfaches subjektives Ichgefühl, wie im Meeresrauschen die unzähligen Wellenschläge akustisch untergehen? Die Kluft zwischen objektivem Neuronengewitter und subjektivem Selbstbewusstsein wurde von keinem Hirnforscher bisher überbrückt.

„Eigentum ist Diebstahl" am Schöpfer, nicht am Armen, und jeder Besitz ist so ungerecht, daß uns die ständige Angst um ihn ganz gerecht erscheint.

Jeder handelt, wie er behandelt wurde, und tut nur, was man ihm antat.

Verschleierung wird heute als Enthüllung verschleiert, und daß wir uns nichts aufschwatzen lassen, wird uns erfolgreich aufgeschwatzt.

Der Fortschritt hat uns so vieles gebracht, vor allem das Gefühl, um das Wesentliche gebracht zu sein.

Nie vergisst du, was ich dir nahm; nie vergesse ich, was ich dir gab.

Mancher tut dir Gutes, um dich ungestrafter verachten zu können.

Friede herrscht, wenn keiner dasselbe will.

Auf- und abgeklärt. Auch der Idealist Leibniz rechnete mit Menschen und mit der Welt – aber nur noch infinitesimal.

Auf Beneidenswertes nicht neidisch zu werden, kann auch eine Art sein, die Welt zu verfehlen.

Mancher verfaßt schlechte Werke, um keine guten Werke zu tun.

Es herrscht Krieg oder Frieden, aber immer über Menschen.

Man hat heute lieber gleichgültige Nachbarn als persönliche Feinde.

Krieg herrscht nur unter Brüdern, Friede nur zwischen Fremden.

Realismus macht Realität überflüssig.

Technik ist dauernd modernisierte Form, alles beim Alten zu lassen, und die dauernd wieder veraltete Form, alles beim Neuen zu fassen.

Die Gesellschaft verhängt über jedes ihrer Mitglieder ein Selbstbefriedigungstabu.

Du lobst mich? Dafür lobst du dich und erwartest auch noch mein Lob.

Frage dich immer: Worauf antworten die Fragen, und wonach fragen die Antworten?

Was kann den beeindrucken, der gar keinem Druck widerstehen kann?

Aufgeblasene Leute erwarten kein Stichwort.

Die Furcht ergreift dich, du ergreifst die Flucht, und was begreifst du?

An Unterdrückten wird meist nicht nur ihr Gutes unterdrückt.

Jeder ist meines eigenen Glückes Schmied.
(Und das ist meines Schmiedes Glück.)

Mit welchen Kunstgriffen bringt ein Kunstwerk das Kunststück fertig, uns zu *erheben,* indem es uns *überwältigt* (oder auch umhaut)?

Geschichte: Wir fahren den Karren an die Wand, die wir vor ihn gespannt haben.

Geist wirkt antibiotisch und macht aus dem Elefanten im Porzellanladen eine Mücke im Bernstein.

Kant 2000: In der Jugendzeit gibt es manche Dinge für dich, auf dem Altenteil nur noch *Dinge an sich*.

Wer nicht ewig lebt, lebt nie.

Die Mehrheit opfert leicht für bezahlte Freizeit, was nur einer Minderheit nutzt: unbezahlbare Freiheit.

Gefährliche Bücher werden nicht mehr unter lautem Johlen verbrannt, sondern nur noch unter lauter Schund begraben.

Junge verstehen nur komplizierteste Dinge, Alte endlich auch trivialste.

Der Greis versteht immer besser, warum er immer weniger versteht, und kapiert nicht mehr, wozu er plötzlich alles kapiert.

Kunstwerke sind *auch* Waren, Kunstgewerbe *nur* Waren.

Satan regiert durch Menschen, Gottvater durch Worte.

Entwickle dich bloß nicht weiter, du entfernst dich doch nur von dir selbst, auch wenn es dein Selbst ja noch gar nicht gibt.

Du brauchst nicht nur Leute, dir fehlt vor allem, dass du jemandem fehlst.

Jeder Verrückte haßt die Vernunft, aber auch den ihm fremden Blödsinn.

Ein Buch verkauft sich so gut wie sein Autor.

Intellektuelle Neugier wirkt wie ein wilder Wahnsinn, weil sie keine konventionelle Habgier befriedigt.

Man kämpft für die *Menschenrechte* auf Widerstand gegen Gottes Gesetz.

Das antike Griechenland war die Wiege der Volksherrschaft, der demokratischen Päderastie von philosophierenden Sportskanonen.

Psychologie ist ein Versuch, die menschliche Seele zu umgehen.

Nur der Sozialismus zeigte, dass *Hightech* die höchste Form des totalen Terrors wird, und ohne Gott im Himmel geht nichts über *Toptech* hinaus.

Siegreiche Revolutionäre lassen sich widerlegen, erfolglose nicht.

Gedruckt und gelesen werden nur veraltete Bücher, aber bloß ganz überholte sind es wert, immer wieder vorgeholt zu werden.

Ist ein Mann nichts, worauf er stolz ist, hat er hübsche Frauen.

Wir sind so frei, Unsinn zu reden und zu machen, doch Wahrheit ist die einzige Tyrannei, die den Beherrschten frei macht.

Liebe von heute liebt die Frage: Erlaubst du mir, dich zu vergewaltigen?

Flora und Fauna. Wenn wir nicht nur vegetieren, sind wir Bestien.

Ein Christ erwartet vom Tod mehr, als das Leben geben kann.

Wenn der liebe Gott böse wird, ist er nicht gleich der Teufel, und Satan, wenn er auch deine Wünsche erfüllt, noch kein lieber Gott.

Wir wollen nicht Gutes tun, sondern alles, was wir tun wollen, gut nennen dürfen.

Der Gute erspart sich die Strafangst, der Böse den Triebverzicht.

Geschichte ist gerecht und dauernd im Fluß – Gutes kommt nie zum Zuge, doch Falsches geht dafür ständig den Bach runter.

Der Christ erniedrigt sich, um nicht (wie jeder) andere zu erniedrigen.

Mitleid mit den Ärmeren maskiert gern Neid auf die Reicheren.

Die Zukunft ist ungewisser als ein Jenseits.

Viele Bücher werden zu schnell vergessen, weil aus ihnen nie die besten Stellen zitiert wurden.

Freiheit ist soviel wert wie das, wofür man sie opfert.

Ist der Himmel unser Fundament, dann stehen wir ständig Kopf.

Selbsterkenntnis fällt so schwer, weil keiner seine eigene Rückseite sieht – außer, er spiegelt sich in einem Hintermann.

Gib deinen Kindern nicht soviel Geld, dass sie dich nie mehr nachahmen.

Der Klatsch über Mitmenschen macht sie genießbarer.

Man toleriert leichter, was man nicht vernichten kann.

Die Elite hat nicht Geld, weil sie Elite ist; sie ist Elite, weil sie Geld hat.

Nur wer erschöpft am Wegrand liegt, redet vom Fortschritt.

Wer nicht ganz ins Schwimmen kommt, geht ganz unter.

Auf Fragen nach der ganzen Welt gibt es keine ganz weltliche Antwort.

Veralteter als manche alte Bücher sind viele ihrer heutigen Leser.

Das Kreuz, das ich nicht tragen muss, drückt dich mehr als dein eigenes.

Um mir nichts leisten zu müssen, leiste ich mehr, als andere leisten, um sich alles leisten zu können.

Wer Plato, Goethe oder Einstein versteht, kann *mich* nicht mehr ausstehen.

Dein Verkehr mit anderen wird grundverkehrt, wenn er keine Fachsoziologen verwirrt.

Wer sich von seinen Trieben treiben lässt, fühlt sich frei.

Das Traurige an den Lustspielen steckt darin, dass sie Trauerspiele lächerlich machen und ohne Trauerspiele lächerlich werden.

Feiner Hausstaub

Die Geschichte ist unfähig, uns wirklich zufrieden zu stellen, weil immer nur die fähigen Fachleute an die Macht kommen.

Dummheiten von gestern werden nicht nur heute, sondern auch morgen ausgelacht.

Bildung bedeutet ungefähr das Gegenteil von Selbstverwirklichung.

Unsere Herzen fügen sich der Weisheit unserer Herren nicht so, wie unsere Köpfe sich den mathematischen Beweisen zwanglos fügen.

Ich bin schon auf so weniges stolz, dass sich fast sagen ließe, ich sei ein bescheidener Mensch.

Es ist nach beiden Seiten offen: Das Himmelstor dient auch als Falltür.

Früher konnte man mit Erwachsenen wenigstens noch Unzucht treiben.

Jeder will heute *ganz er selbst* sein, Hauptsache nichts Geistiges.

Manche Rebellen haben nur keinen gefunden, der es wert gewesen wäre, ihm treu zu dienen.

Fast jeder ist auf seine unverwechselbar eigene Art Konformist.

Durch Reibung will der eine Glanz, der andere Wärme erzeugen.

Wer Künste und Wissenschaften ruinieren will, gibt ihnen Gelder.

Sachlich und human. Alle Menschen verding(lich)en sich heute, früher vermenschlichten sie alle Dinge, und was werden sie morgen tun?

Der soziale Fortschritt löst deine Probleme nicht, er ist mit seinen eigenen voll ausgelastet.

Der Industrialismus macht so wenig Fortschritte, daß er sich nur noch zum Höchstindustrialismus weiterentwickelt.

Das Beste in uns existiert in Büchern, und dort ist es besser aufgehoben.

Ein Einstein läßt sich von keinem Augstein in die Allgemeinbildung zurückholen.

Du erinnerst dich an Vergangenes. Du vergisst Unvergängliches.

Wir wissen und können heute weniger als die Steinzeitmenschen, wenigstens weniger Wichtiges.

Tiefsinn – beredetes Schweigen.

Zu finsteren Machenschaften offen zu stehen, wirkt heute anständiger, als sein Licht unter den Scheffel zu stellen.

Es gibt nur noch nützliche Idioten oder nutzlose Klugscheißer.

Heute werden interessante Perversionen genau so vorgetäuscht wie früher nur glänzende Tugenden.

Orte der Verwüstung ähneln am wenigsten einer wirklichen Wüste.

Wenn ich nicht mehr weiß, was ich will, frage ich Forschungslaboranten, was ich nächstens wollen kann und wollen soll.

Nichts ist langweiliger als Leute, die einfach nur tun, was sie wollen.

Die Welt richtet sich nach den Nachrichten über die Welt.

Die Gleichzeitigkeit der Französischen und der industriellen Revolution erklärt die Menschenrechte auf Computer, Sex und anderen Konsum.

Prüderie durch Porno ist die Demokratie der Plutokraten und Bürokraten.

Heute wird auch Erhabenstes überwunden, um das Unterste zu erniedrigen.

Wer mich nicht versteht, sperrt mich aus; wer mich versteht, sperrt mich in Schubladen.

Wer mir ins Gewissen schweigt, spricht mir aus dem Herzen.

Die Sklaventreiber befürworten Abtreibungen und Kinderkrippen zugleich: Man fürchtet zu viele ebenso wie zu wenige Knechte.

Traditionen sind geistige Vermächtnisse, die jeder ohne Erbschaftssteuer antreten könnte und doch ausschlägt, als seien es Haufen von Schulden.

Der reife Mensch formuliert seine Konflikte so um, dass ihre Ungelöstheit weniger schmerzt als ihre Lösung.

Reden lässt sich versilbern, Zuhören vergolden.

Nicht das Versprechen, nur das Versagen verschweigt sich, und wer zu sagen hat, macht von sich reden.

Man kann sein Bestes tun, ohne die Welt zu verändern, und die Welt verbessern, ohne Gutes zu tun.

Mancher wird nur größer, um sich tiefer verneigen zu können.

Man nimmt seinen Platz im Leben wie sein Geld ein.

Sogar das Naturrecht ist heute natürlich zurechtgemacht.

Und führe uns nicht ins Versuchslabor, sondern erlöse uns vom Üblichen.

Im Zweifelsfall *für* das Gewissen und *gegen* die Gewissheit!

Rezept: Nur die Ausgekochten geraten gewissensbissfest.

Traue weniger deinen Augen als deiner Blindheit (alles zu)!

Wir rennen in unser Verderben und retten uns vor Mückenstichen: Der Egoismus funktioniert bei Bagatellen und versagt vor Apokalypsen.

Gibt es Selbstbehauptung ohne Enthauptungen?

Das Böse im Menschen ist das gut(gemeint)e Gewissen.

Man beschuldigt mich, immer noch unschuldig zu sein.

Auch zur Verschlossenheit gehört ein Entschluss.

Wissenschaft sollte wertfrei sein. Heute ist sogar die Ethik wertlos.

Verfehlungen treffen nicht voll daneben, sondern ins Schwarze.

Wo Leute sich *begegnen*, treffen sie sich – ins Herz.

Wer erobert werden will, sucht keine Niederlage.

Aufklärung: Liebeserklärung und Geschlechterkriegserklärung.

Die tiefste Überzeugungskraft liegt in der höchsten Zeugungskraft.

Auch bessere Erträge machen das Leben erträglicher.

Finde dich selbst, ja, aber nur dort, wo Gott dich auch sucht.

Unsere Zielpunkte verdecken die Schlusspunkte hinter ihnen.

Wer mich zum Reden bringt, den bringe ich zum Schweigen.

Dass ich dich so sehr enttäuscht habe, verzeihe ich dir nie.

Gesunder Menschenverstand lässt sich nie aus Logik und Lyrik zusammensetzen oder in Logik und Lyrik zerlegen.

Scheinheilige wirken wie zerfressen vom Ehrgeiz, ihn zu ersticken.

Ändern kann sich nur, wer nichts erlebt hat, d. h. wer untraumatisiert ist.

Ihr werdet es noch bereuen, uns zu überleben, flüstern die Greise.

Stumpfsinn heilt Trübsinn.

Sind rebellische Arten der Unterwerfung respektabler oder wenigstens aussichtsreicher als servile Formen der Aufsässigkeit?

Nach Ewigkeit hungern besonders jene, die weder leben können noch sterben wollen.

Um Laster zu meiden, genügt es nicht, mehr Lästiges als Lustiges zu tun.

Wer sagen kann, was er gleich tun wird, wirkt frei. Anders die Tiere.

Wir kopieren sklavisch die modernen Originalitäts- und Befreiungsformen.

Sackgasse Hauptstraße. Propheten, die sich nicht als falsch erweisen, gibt es, weil Voraussagen auch Erinnerungen sein können.

Wer gar nichts will, bekommt auch nicht immer, was er will.

Aufgeklärt und erleuchtet ist, wer die Wahrheit eines uralten Sprichworts zum ersten Mal wirklich einsieht.

Ich würde gern wissen, was ich wirklich glaube.

Ein Mann verdankt seiner Ehefrau seinen Ehebruch, und eine Frau verzeiht ihrem Mann nie ihre Untreue.

Wer leidet, hat noch nicht bereut, und wer bedauert, noch nicht gebüßt.

Man flieht die Welt handgreiflich, um sie geistig zu beherrschen, und flieht sie dann seelisch, um leibhaft von ihr beherrscht zu werden.

Links sein heißt, sich für Schwache stark zu machen und keine Schwäche für die Starken zu haben, also an einer Idee von proletarischer Sozialrevolution festzuhalten und nicht am sozialistischen Materialismus einer bürgerlichen Popkulturrevolution.

Der Materialist ist so geistreich, Höheres auf Niederes zurückzuführen, und der Idealist naiv genug, platten Tiefsinn als Höhenflug vorzuführen.

Der Christengott wurde ein Mensch, aber der Christenmensch deshalb noch kein Herrgott.

Wer nicht intellektuell genug ist, ist auch nicht sinnlich genug.

Der von Obsessionen Geplagte beneidet den Vernünftigen, und wer sich mit der Vernunft langweilt, beklagt den Leidenschaftlichen.

Dich langweilt jeder, den du langweilst, dich fesselt jeder, den du fesselst.

Die Bedeutung eines Wortes liegt weniger in seinem Gegenstand als in dessen Bedeutung.

Ein Blinder muß kein Schwarzseher sein und, wer die Augen offen hält, kein Hellseher.

Würden alle Genies plötzlich Trottel, wer würde es merken? Würden alle Trottel plötzlich zu Genies, wäre das eine Naturkatastrophe.

Wenn jeder, der an andere denkt, im Grunde nur (an sich) selber denkt, handelt er vielleicht selbstlos, wenn er auch mal an sich selber denkt.

Wer Teufel zu Feinden hat, ist deshalb noch kein Engel.

Handarbeiter handeln nicht – sie werden gehandelt. Kopfarbeiter arbeiten nicht – Köpfchen lässt arbeiten.

Lebe so, dass du einen Nachruf verdienst, den du Lügen strafst.

Die Erde ist übervölkert, aber nie von Leuten, die unten sind, sondern von Leuten, die zur Abwechslung mal 100 Jahre lang ganz unten sein sollten.

Einen Nachteil bringt die Alzheimerkrankheit: Lügen wird erfolglos.

Komplimente werden gemacht, um welche zu hören, und werden empfangen, damit man sie austeilen soll.

Wer sich vorm Handeln ins Spenden flüchtet, geht gern (Geld) stiften.

Auch Eliten arbeiten. Sie bearbeiten dich, bis du gut für sie arbeiten kannst

Gut zu sein, ist gut und tut gut, aber bessert wenig.

Der Leib ist in der Welt, die Welt ist in der Seele, aber die Seele im Leibe.

„Alle Menschen sind gleich" weit von anderen Wesen (und von Affen) entfernt.

Aus freien Stücken in die Brüche

Uns interessiert nichts, wozu uns nichts einfällt.

Manche Leute trotzen den Großen der Welt, indem sie zeitlebens an bloßen Kleinigkeiten hängen und kleben.

Wer feststehende Wahrheiten findet und festhält, gilt als toter Dogmatiker, wer nur herumirrt und überall nippt, als lebendiger Freigeist.

Niemand muß sehr klug sein, um sich dumm stellen zu können.

Bisexuell: Wie, wenn der Herr die Dame liebt, doch das Weib-im-Manne nicht den Mann-im-Weibe?

Durch die Seelenwanderung werden in jedem nächsten Leben Herr und Knecht nur immer wieder vertauscht.

Das Privatleben eines Autors besteht aus Veröffentlichungen und die einzige Praxis des wahren Gelehrten aus Abhandlungen.

Auch die Sterne, die wir nicht sehen, weil ihr Licht uns noch gar nicht erreicht hat, lügen nicht.

Früher glaubte man, jeder Freitag, der 13., sei ein Unglückstag. Heute glaubt man, das *Internet* fördere Demokratie und Verständigung.

Ein irdisches Paradies ohne Ausgang wäre die Hölle.

Man hat selten im Kopf, was ganz auf der Hand liegt.

Mancher erweitert seinen Gesichtskreis, indem er sein Maul weit aufreißt.

Was du *unter* den Teppich kehrst, hast du *auf* dem Gewissen.

Deine Feinde diktieren dir die Waffen, und deine Waffen schaffen dir die Feinde.

Die meisten Selbstgespräche finden zwischen Unbekannten statt.

Protestantismus: biblischer Sündenfall als beruflicher Aufstieg.

Wissenschaft & Technik heißt: Ein dritter Weltkrieg verwandelt den ersten und den zweiten rückwirkend in Provinzscharmützel.

Ewige Seligkeit entspringt keiner vorübergehenden Armseligkeit.

Von ihrem Innenleben wissen viele weniger als von ihren Innereien.

Wer nicht übersehen werden kann, aber nicht ernst genommen werden soll, wird einfach berühmt gemacht.

Der Künstler misst ein Ideal an seinem Werk.

Wer mehr als satt werden will, verdient es nicht einmal, satt zu werden.

Der Dumme weiß nicht viel, und der Weise will nicht viel wissen von uns.

Du haßt jeden, der deine häßlichen Seiten hervorlockt.

Große Charakterstärke? Bloße Triebschwäche.

Es ist keine Kunst, sich ein Beefsteak zu machen, wenn ein anderer schon die Kühe gemacht hat.

Ich jammere gerade, weil Jammern nichts nützt.

Was Junge als Zwang beklagen, können Greise als Freiheit begrüßen u. u.

Narziß zieht sein Selbstbewusstsein noch aus seiner Selbsterkenntnis.

Suche bei Philosophen nur noch Sätze, die noch niemand je zitiert hat!

Weltbeglücker bringen soviel Glück wie Weltzerstörer und -eroberer.

Viele bleiben ehrlich, solange Lug und Trug sich noch nicht lohnen.

Man lernt einen Menschen, d. h. seine Fremdheit gut kennen.

Wer denkt, rennt mit dem Kopf durch die Wand offene Himmelstüren ein.

Geschichte summiert, was andere gemacht haben. Deine eigene Lebensgeschichte macht da keine Ausnahme.

Meine eine Hälfte ist schon verwest, die andere noch ungezeugt.

Erstmaliges merkt man noch nicht, und Dauerndes merkt man nicht mehr.

Der 17-Jährige hat den Sinn seines künftigen Lebens gekannt, der 70-Jährige den Sinn seines vergangenen Lebens vergessen.

Laß dich herab, andere zu erheben, und greife hoch, um sie herabzuziehen.

Lebe gegen deine handgeschriebenen Lebensläufe.

Rüge und lobe lieber mich in dir als dich in mir.

Kann das Unterbewusste für das Über-Ich selber zum Über-Ich werden?

Modern wird jeder, den die Natur weniger prägt als die Naturwissenschaft.

Das moralische Gesetz in uns und der gestirnte Himmel über uns erstaunen jenen, der nachts im Freien überfallen wird und auf den Rücken fällt.

Suche nur Vergnügen, die auch ihre Nebenwirkungen noch kompensieren.

Wer weder Länder noch Frauen erobert, muß deshalb kein Philosoph sein.

Niemand muß ein Dummkopf oder Verbrecher sein, um von einem Genie oder Heiligen kalt gelassen zu werden.

Wäre die Welt nicht unveränderlich geschaffen, hätte man sie inzwischen nicht verbessert, sondern vernichtet.

Zieht einer sich von der Welt zurück, dann häufig nicht, weil er krank oder böse ist, sondern damit er nicht krank oder böse wird.

Gott existiert ja auch, damit mathematische Beweise noch dann Beweise sind, wenn kein Mathematiker mehr existiert, der sie nachvollziehen kann.

Der Gebildete handelt nach Grundsätzen wie Mutter Natur nach Gesetzen.

Die Gottesbeweise wären überzeugender, wenn den Atheisten ihre eigenen Motive bewiesen werden könnten.

Heute weiß ich selber, dass ich lebe. Morgen werden noch einige wenige Leute wissen, dass ich gelebt habe. Eines nicht allzu fernen Tages wird es für alle Menschen so sein, als hätte es mich nie gegeben. Und etwas später bis in alle Ewigkeit wird nur noch der Ewige wissen, dass und was ich auf der Welt gewesen sein werde – oder niemand hat je irgendetwas gewusst.

An Männern ist nur das Beste gut, an Frauen nur das Schlimmste schlecht.

Pläne sind Satiren auf Erinnerungen, diese sind Elegien auf Hoffnungen.

Für Unendliches genügt es nicht, kein Ende zu finden, und was kein Nullkommanichts ist, muß auch noch nicht gleich existieren.

Die meisten denken zu trivial und alltäglich, um Heideggers Philosophie der trivialen Alltäglichkeit zu verstehen.

Viele Sitzenbleiber marschieren vom Sit-in zum Aussitzen.

An dir schätze ich das Wertvolle, an mir alles.

Mancher Lügenbold äußert objektivere Gedanken als jemand, der nur seine Überzeugungen ehrlich von sich gibt.

Was explodiert, fliegt in alle Richtungen, nur nicht ins Explosionszentrum.

Wird glühende Liebe, die eiskalte Duschen erhält, stahlhart?

Tut einer seine Pflicht nur deshalb ungern, weil alle sie tun sollen?

Preise die Zukunft, damit die Nachwelt dich rühmt.

Wer mehr im Kopf hat, hat selten mehr gelernt, als du weißt, sondern kann besser denken, als du denkst.

Darwin lehrte den Existenzkampf als Überlebensfähigkeit des Taugenichts, Christus zeigte die Überlebensmöglichkeit des Wertvollen.

Dumme hören nichts, Kluge tun und sagen nichts, Blender sehen nichts.

Die Welt wäre längst besser, wenn die Sklaven gegen ihren Ausbeuter so viel unternähmen wie die vielen Versager gegen das eine Talent.

Einst zweifelte man nie an einem Gott, der ewige Höllenstrafen verhängte. Nun zweifeln wir schon an einem, der befristete Leiden auch nur zuläßt.

Exemplare statuieren noch keine Exempel.

Wir wollen lieber neunzig werden als noch einmal zehn Jahre alt sein.

Wer Spuren hinterlassen will, muß sie verwischen. Wer keine hinterlassen will, muß verwischen, dass er sie verwischt.

D-evil. Atheisten haben oft fragwürdigere Motive, Gott zu bezweifeln, als Fromme haben, ihm zu glauben.

Du lebst : Du schlägst die Zeit tot, bevor sie dich totschlägt.

Wir erhalten Geld, um uns selbst zu erhalten.

Ist Wahrheit über die Realität auch Flucht vor ihr und entschädigt für sie?

Die Würde des Menschen wird angetastet bei Geburt und Tod. Von wem?

Verschwänden die Prozesshansel mit den Rechtschutzversicherungen?

Das Los, das dich trifft, das Los, das du ziehst – dieselbe Lösung.

Manche können keinen erbetenen Gefallen tun, ohne bald danach um einen noch größeren zu bitten.

Wenn wir gelegentlich täten, was die Natur ständig tut, kämen wir aus dem Gefängnis nicht mehr heraus, um es weiter tun zu können. Wenn die Natur mal täte, was wir dauernd tun, gäbe es sie nicht.

Unsere Zukunftspläne verraten, wie wir uns unseren Nachruf wünschen.

Der Reizhunger wird von Reizlosem überflutet.

Ich befördere nicht gern mein Seelenheil, indem ich dein Leibeswohl vermehre, sondern pflege lieber meinen Leib, indem ich für deine Seele sorge.

Wonach frage ich jetzt eigentlich?

Jesus vertrieb die Händler aus dem Tempel. Heutige Wechsler vergrauen die Christen aus der Kirche.

Abwechslung langweilt gewöhnlich schneller als alle Gewohnheit.

In den Genuß kommen die Bösen, in den Himmel die Guten. Der Himmel ist die Hölle der Teufel, die Hölle der Himmel der gefallenen Engel.

In die Hölle kommen die Verurteilten, ins KZ die Unschuldigen.

Hinterweltbürger. Einige Gedanken leuchten uns so schnell ein, daß man kaum glauben kann, sie stammten von Kant oder Plato.

Der Tyrann spricht sein Machtwort, aber der Sklave behält das letzte Wort: „Zu Befehl, Euer Gnaden!"

Mein Traum ist es, dein Traum zu sein, und dass es dein Traum ist, mein Traum zu sein.

Morgen wird man dir deinen heutigen Zeitgeist nicht verzeihen, oder man vergibt dir nie, daß du den künftigen Zeitgeist nun schon vorwegnimmst.

Bis wann stirbt man zu früh und ab wann zu spät?

Wer kein Pfahlbürger werden will, ist darum kein Nachweltbürger.

Für eine angeblich so schnelllebige Zeit sind überall die Warteschlangen erstaunlich lang und die Lebenszeiten erstaunlich langweilig.

Gelernt hat der Mensch nur, er sei lernfähig.

Mutter Natur kennt durchaus Gruppen- und Homosex, aber nicht das schöne Kulturprodukt lebenslanger Monogamie.

Jeder ist gesund, und alle sind verrückt.

Es gibt Meinungsbildungen und Meinungsäußerungen. Meinungsaustausch kommt selten vor.

Man beherrscht am liebsten jene, die sich nicht beherrschen können.

Der Kopf holt aus der Welt nur heraus, was andere zuvor in sie hineingesteckt haben, oder steckt der Kopf nur in die Welt, was andere zuvor in ihn hineingesteckt haben?

Ist das Glas des Bewußtseins halb voll, ist das Glas des Seins nie halb leer.

Muß man also im Paradies gewesen sein, um etwas erkennen zu wollen?

Erb-ärmlich. Heldentaten scheitern, wenn das Kätzchen als Tiger behandelt wird oder der Wolf als Schoßhund.

Frage dich bei jedermann: Paßt sein Charakter zu seinem IQ?

Faulpelze scheuen nicht die Mühe, ihrer umtriebigen Zeit zu widerstehen.

Du liebst dich selbst – den Nächsten deines Nächsten.

Wer sich nicht beherrschen kann, muß dafür nicht zu stark sein.

Haben nur Selbstlose Selbsterkenntnis?

Christentum heißt nicht, dass Gott Menschenaffe wurde.

Wer jede Bestimmung (und Selbstbestimmung) ersetzt durch Unbestimmtheit, ob etwas unbestimmt ist, läßt nichts so im Unbestimmten, dass er gar nichts sagt, hat sich aber nie so festgelegt, dass er belangt werden kann.

Naturwissenschaft rechnet mit Eindeutigkeit, Geisteswissenschaft spielt mit Vieldeutigkeit – und hält ihre Undeutlichkeit für bedeutender.

Entweder bin ich noch so barbarisch und urtümlich wie ein Neandertaler, oder er war schon so verklemmt und neurotisch wie mancher heute.

Vergebt mir, was ihr mir Schlimmes angetan habt, aber auch, was ich euch Schönes geschenkt habe.

Sternbilder und andere Dauerbrenner

Gegen Mitleid hilft nur Helfen.

Der *Sinn des Lebens*? Sein Wille geschehe. Oder wenigstens nicht deiner.

Wer sein Unbewußtes kennenlernen will, sollte seine Gegner befragen.

Ich entdecke, dass ich dich erfinde, du erfindest, dass du mich entdeckst.

Ein Mann von Charakter folgt seinen Grundsätzen, immer selben Launen.

Siegen wir uns in die Hölle oder scheitern wir ins Reich Gottes hinein?

Wäre manches geschehen, wäre es nie prophezeit oder versucht worden?

Mich überzeugt leichter, wer sich von mir überzeugen läßt.

Wer lebendig begraben zu werden fürchtet, war schon zu Lebzeiten wie tot

Früher fühlte man sich noch schuldig für Taten, die nicht schlimm waren. Heute fühlt man sich für Taten, die schlimm sind, nicht mehr schuldig.

Amor ist jener Gott, der das Bett auch nicht erfunden hat.

„Götz" entschädigt für Goethe, doch Grass nicht für den „Butt".

Schwätzer machen eher schweigsam als Verschwiegene schwatzhaft.

Das Kind sieht jede Puppe als Person, der Große jede Person als Puppe.

Jugend hat noch nichts, um damit zu glänzen; Alter hat nichts mehr, sich zu verbergen.

Bereue, womit du nicht protzen willst, und gib an mit dem, was du nicht bedauern magst.

Wer aufsteigt, geht der Erde verloren, ohne den Himmel zu gewinnen, und wer kann vom Himmel auf seine Füße fallen?

Vorsicht vor zuviel Vorsicht. Ein Held wird eine Klasse für sich, wo er sich vor dem Konkurrenzkampf drückt.

Mancher fühlt sich herausgefordert vom Risiko, andere herauszufordern, und widersteht keiner Versuchung, sie in Versuchung zu führen.

Ein Untertan überschätzt sich oft dadurch, dass er sich unterschätzt fühlt.

Hat das Leben den Sinn, Optimisten pessimistischer oder Pessimisten optimistischer zu machen?

In der Natur ist Kraft die Fähigkeit, Körper zu verformen oder Bewegungen zu beschleunigen (abzubremsen). Nur Schwäche kann das verhindern.

Du besitzt nie viel mehr, als du Bedürftigeren geschenkt hast.

Irgendwann kommt jeder hinter das Leben, wenn auch nicht zu Lebzeiten.

Wer vom Abstrakten zum Körperlichen will, denke an den eigenen Kopf.

Gott rettet dadurch, dass du dich selber retten kannst.

Das Zeitliche segnet schließlich auch dessen ewige platonische Idee.

Zuviel Selbstvertrauen wird mit anderen nie vertrauter.

Wer seine Retter und Beschützer haßt, liebt darum nicht seine Feinde.

Lass dir Zeit mit dem Leben, aber nicht mit der Zeitlosigkeit danach.

Ein Begriff soll begreifen und begriffen werden. Ergreifen muß er keinen.

Im Anfang war das Widerwort als Schlußwort, und das Machtwort wurde Hackfleisch, und das Fleisch ist schwach.

Die Romanwelt ist die beste aller möglichen Welten, noch die Bösewichter dienen dem happy end.

Früher hing ein Galgenstrick bald an demselben.

Wer sich keine Ideen erwirbt, muß keine angeborenen haben.

Wer in sich geht, geht bald in Lumpen und baden, und wer ganz außer sich ist, ist nicht aus dem Schneider und aus allem raus.

Warum kommen Christen doch lieber in die Kirche als in den Himmel?

Jedem stehen jederzeit alle Türen offen – zur Straße.

Niemand staunt immer über alles, niemand staunt niemals über irgendwas, aber es ist nicht wenig erstaunlich, daß so viele über so wenig staunen.

Mitmenschen sterben dir – ganze Welten gehen in deiner Welt unter.

Unser Glaube wird durch keinen Himmel gestützt oder Himmler gestürzt.

Gott bleibt der Ewige – wenn er sich nicht irgendwann umbringt.

Feuerbach wäre gern Holzfäller gewesen, und der Mathematiker fällt den Baum der Erkenntnis, um die Jahresringe zu zählen.

Historiker schreiben Werke, bis ihre Beschäftigung mit der Vergangenheit selber Vergangenheit ist, mit der sich keiner mehr beschäftigt.

Jeder sieht nur soviel er sehen lässt; nur der unsichtbare Gott sieht alles.

Wer zum Engel erziehen will, erhält leicht einen Teufel, aber wer einen Satansbraten züchten will, nie einen Engel.

Die Vergangenheit gehört dem Alter und die Zukunft der Jugend, aber meine Vergangenheit ist ein Kind und meine Zukunft ein Greis.

Wer an falschen Stellen nachgibt, trotzt auch an der einen falschen Stelle.

Ein beschränkter Fachmann wirkt borniert als ein beschränkter Edelmann, Blaumann oder Kaufmann.

Rühmen macht besser, Rügen nur klüger.

Ich spende gegen dein Leid, nicht für deine Lust.

Wer schon gegeben und genommen hat, gibt und nimmt leichter.

Wer die Stärken seiner Feinde rühmt, darf die Schwächen seiner Freunde rügen, doch wer die Stärken seiner Freunde rügt, darf nicht die Schwächen seiner Feinde rühmen.

Sehe ich in dir mein Ebenbild, siehst du in mir dein Gegenbild.

Die Frauenseele sucht mit dem Körper, der Männerleib mit der Seele.

Zuweilen sehe ich aus wie ein Marabu, doch der sieht nie aus wie ich.

Beraube die Reichen, sie haben stets genug, doch spende nicht den Armen, es erreicht sie ja doch nicht.

Hohe Ideale scheinen erreichbar, hohe Begabungen nicht.

Ein kühner Kopf macht noch kein mutiges Herz und umgekehrt.

Was ganz unmöglich ist, wirkt *wirklich*, im Leben eher als im Roman.

Man will Leute überreden, die sich nicht überwältigen lassen, und will die Natur überwinden, weil man sie nicht überzeugen kann.

Wer redet, tut noch nichts (sagt man), doch wer handelt, sagt noch lange nicht, was er will.

Um Menschenkenner zu sein, muß einer sehr viele ihrer Schwächen teilen.

Wer schlecht leiden kann, kann oft gut mitleiden (und umkehrt).

Ein guter Mensch leidet unter schlechten Menschen, ein guter Mathematiker unter schlechten Rechnern. Wer gute Rechner besser findet als gute Menschen, schätzt nur wenige Leute.

Unsere Bedürfnisse reden uns schneller arm, als unser Schicksal oder Geschick uns reich machen kann.

Triebe können Vernunft nur schwächen, Vernunft kann Triebe nur stärken.

Wer scheitert lieber an zu schweren Gegnern als zu leichte zu besiegen?

Schlimme Verbrechen verführen dazu, sie an ihnen zu verüben.

Tun Taten allein dem gut, der nichts Besseres zu tun weiß?

Es ermüdet schneller, mit interessanten Frauen als mit interessanten Büchern ins Bett zu gehen.

Selbstkritik wird oft geübt, um härterer Kritik von außen vorzubeugen.

Ein Bekannter, der plötzlich Fehler an mir entdeckt, glaubt nicht, er habe schlechten Einfluß auf mich, aber wer plötzlich Vorzüge an mir bemerkt, glaubt leicht, er habe einen besseren Menschen aus mir gemacht.

Meine Worte bewegen mich mehr als euch und als eure.

Du haßt Leute, die du brauchst, und verachtest jene, die du nicht brauchst.

Pflichten, die wir nicht ungern erfüllen, wirken wie Triebe, die wir nur wenig einschränken.

Ein Junger rebelliert, aber kollektiv. Ein Alter resigniert, aber eigensinnig.

Und der böse Zweck entheiligt die besten Mittel.

Du bemerkst und beneidest nur, wer etwas – aber eben nicht eine ganze Klasse – besser ist als du.

Dummheit straft sich schneller als Bosheit. Wer Verfehlungen begeht, begeht Fehler, wo der Nutzen schadet, ohne daß der Schaden nutzt.

Muß man eine Ratte sein, um ein sinkendes Schiff zu verlassen?

Verliebte sollten nicht vernünftig sein und Eheleute nicht verrückt nacheinander.

Ehebrecher haben am Ehepartner oft nicht einen zuwenig, sondern schon einen zuviel.

Warum wurden frühere Vernuftehen glücklicher als heutige Liebesehen?

Jede Epoche weiß sich aufgeklärter *und* zerstörerischer als die vorigen.

Männer machen lieber gute Mittel zum Selbstzweck, Frauen hingegen die Endzwecke zu bloßen Mitteln für die Mittelbeschaffung selbst.

Man zieht der saudummen Herzensgüte einen superklugen Egoismus vor.

Leibschmerzen wären ja lieber Seelenqualen und Geisteskrankheiten lieber Kopfschmerzen.

Der Kluge ist oft ein Feigling, aber nicht jeder Angsthase ein Geistesheld.

Eine Stadt zerfällt in Dörfer, aber ihre Einwohnerschaft nicht in Individuen

Auch Greise sind flexibel und wechseln ständig ihre Grillen, Marotten und Tics, um die Jungen und den Tod zu täuschen.

Affektlehre: Große Kälte macht so blind und taub wie große Hitze.

Kein Massenmensch nennt sich so, jeder wähnt noch dumpfere Massen unter sich.

Moral : Komme meinen Pflichten nach, d. h. meinen Neigungen zuvor.

Der Herrgott schätzt keine Reichen, deren Besitz wertvoller ist als sie.

Soziale Rangordnung spiegelt keine geistige. Bastelfexe und Krämerseelen stehen hoch im Kurs, Dichter und Denker gelten als unnütze Esser.

Wer an einer einzigen Frau schon zuviel hat, denkt leicht, er habe an einer noch zuwenig, und kriegt von Frauen dann nie genug – und immer zuviel.

Eine Frau, die nicht alle Liebhaber in einem einzigen Mann hat, hat in allen Liebhabern nicht einmal einen Mann.

Was heute zerfällt und zerbombt wird, wird in tausend Jahren, aus tausend Teilen zusammengesetzt, wieder ausgestellt.

Die forsche Niederlage der Grundlagenforscher

Früher sprach der Mann zu einer Frau durch seine Taten, heute tut er etwas für sie, indem er mit ihr redet.

Wer Schicksalsschläge als Strafe zu persönlich nimmt, tut Faustschläge des Rüpels zu leicht ab als genetische Zwangsläufigkeiten.

Gegen Langeweile eines leeren Lebens helfen Leiden besser als Lüste.

Du wirst besser, siehst du mich besser und dich nicht so gut.

Jeder Gestorbene bleibt länger weg, als er je erfreuen oder ärgern konnte.

Mancher hilft dir nur, wo er gerade anderen schadet.

Ich rüge gern an dir, was ich selber bin, und rühme dich, als wäre ich du.

Wer immer dieselbe gute Tat tut, ist zu rühmen;
wer immer dasselbe gute Bild malt, ist zu rügen.

Verliere ich dich an einen dritten, demütigen mich dessen Vorzüge, deine Untreue und meine Unterlegenheit dreifach zugleich.

Ich helfe dir gern und genieße mein Rettersein in deinem Gerettetsein.

Man zürnt immer doppelt, der fremden Stärke wie der eigenen Schwäche.

Anderen verzeihst du, um dich deiner Güte zu erfreuen; dir selbst verzeihst du, ohne es auch nur zu merken.

Stolz sein kannst du nicht auf die Mitgift deines Naturtalents, sondern nur auf das, was du daraus gemacht hast, aber wo bliebe dein stolzes Verdienst, wenn alles, was du aus deiner Naturbegabung machen konntest, selbst nur wieder bloße Naturbegabung wäre?

Erst gute Triebe befähigen die Vernunft, böse zu bändigen.

Du sieht viel von mir, doch selten mein Bild von deinem Bild von mir.

Ein Mann ist stets so alt, wie gleichaltrige Frauen aussehen, eine Frau aber selten so jung, wie gleichaltrige Männer sich noch fühlen.

Jugendliche sind taub gegen Warnungen, ihre laute Musik mache taub.

Ein einziger Fall schon kann eine Theorie belegen oder widerlegen, wenn er plötzlich die Erinnerung an zahllose ähnliche Erlebnisfälle wachruft.

Einer helfe dem anderen, nicht nur gegen Mängel und Feinde, sondern auch gegen Auswüchse der eigenen Phantasie.

Kluge Satiren auf Böse machen nur die Dummen böse. Satiren auf Dumme werden von ihnen nicht verstanden und machen die Bösen nur klüger.

Vulgo „leben": viel pimpern, und vorher und nachher gepampert werden.

Der Gedanke, daß Gedanken aus Gefühlen stammen, stammt wohl selbst aus Gefühlen.

Moralisten beschämen keine moralische Fäulnis, sondern die Denkfaulheit.

Es gibt auch heute noch das „synthetische Urteil a priori", dass Menschen nichtsynthetische (analytische) Urteile a priori bilden können.

Wer auch meine Schmerzen statt nur sein Mitleid spürt, ist mir näher.

Aphorismus – *mit einem Satz ins Freie:* Hochsprung oder Weitsprung, Ursprung oder Vorsprung?

Gott betet nicht, dass wir Ihm glauben mögen.

Deinen Leib suchst du dir nicht aus, deine Einfälle fallen dir zu, dein Werk ist Naturtalent, dein Fleiß Temperamentsache, und was stammt von dir?

Wer keine Kraft zum Sterben mehr hat, muß deshalb nicht weiterleben.

Da Selbstkritik selbstgefällig macht, kritisiert das Gewissen uns nicht, sondern straft oder warnt im Dienste der Selbsterhaltung.

Wer viel fällt und liegt und schläft, erweitert wenigstens seine Horizontale.

Wer nachdenken kann, muß sich keine Gedanken mehr machen.

Von den Ersatzbefriedigungen für Gottes Gnade funktionieren nur Drogen, Kunst und Hightechprothesen leidlich.

Im Gleichschritt marschieren nicht Gleichgesinnte, sondern Sklaven der Ungleichen.

Vergänglichkeit deprimiert, doch was nicht verschwinden will, erst recht.

Viele Kinder haben Weisheit, Erwachsene Wissen(schaft) und Alte Witz.

Man erweitert seinen Horizont, um engere Horizonte anderer einzukreisen.

Jeder Blick durchs Elektronenmikroskop zeigt, dass man heute seinen Horizont stark einengen muß, um ihn ein wenig erweitern zu können.

Man macht sich keine Gedanken mit Hilfe der Philosophen, fühlt nicht mit Hilfe der Dichter und hört nicht mit Hilfe der Musiker.

Wer einmal glücklich war, kann zum Glück vom Glück träumen.

Jeder ist schädlich und kommt zu Schaden, nicht um jeden ist es schade.

Wer sein Kindheitsparadies nicht verlassen will, der ißt vom Baum der Erkenntnis, wie man den Turm von Babel baut.

Gott ist Geist, heißt es. Die Geisteswissenschaftler wissen nichts davon.

Die Macht mischt sich stärker in die Ideen ein als der Geist in die Welt.

Wo Gott Mensch wurde, muß der Mensch kein Tier oder zu Stein werden.

Jedes Leben ist wie ein Vermögen. Man legt es auf die hohe Kante, lässt es für sich arbeiten, gibt es für schöne Dinge aus, verschwendet es oder geizt damit. Man bekommt nie genug davon, weil es stetig an Wert verliert.

Matthäus 20, 16. Die Ersten werden die Letzten sein, die untergehen, und die Letzten werden die Ersten sein, die wiederkehren.

Wissen und Gewissen ist Ohnmacht, doch Unbewusstes nicht allmächtig.

Die Kehrseite jeder Verdienstmedaille zeigt Gnade oder Protektion.

Wer Objekte subjektiv sieht, hat Subjektivität noch nicht objektiv erkannt.

Hinterlasse den Schöpfer so, dass ihm anzusehen ist, er hat dich geschafft.

Der Unmensch ward das Maß aller Undinge, der Gentechniker das Maß aller Menschen.

Jeder soll heute seine eigene Meinung haben, d. h. eine eigene Art zu irren.

Der Mensch lebt nicht von Brot allein, Gottes Mühlen mahlen langsam.

Ein Gedanke nennt sich das, worauf man meist erst *nach* einem Streitgespräch kommt und was man bis zum nächsten wieder vergessen hat.

Warum ist man eigentlich viel länger ungeboren als ungestorben?

Läßt sich mit Gewalt beweisen, dass Gewalt gar nichts beweist?

Ein Autor tastet die Unmenschenwürde heute mit der PC-Tastatur an.

Gott musste noch nicht daran glauben, als die Seele noch unsterblich war.

Ein Armer, der reich werden will, kann auch ein Tugendbold sein, der mal pervers sein, oder ein Bösewicht, der soviel Güte wie Güter haben will.

Um die Sicherheit weniger Leute zu sichern, müssen die Freiheiten aller eingeschränkt bleiben.

Wenn es nicht einmal sicher ist, dass die Erniedrigten in den Himmel und die Hochwohlgeborenen in die Hölle kommen werden, sollten sich jene zur Hochkultur erheben, wo diese ihren niedersten Trieben verfallen.

Welche Rolle du auch zeitlebens gespielt hast, du wirst sterben, sie nicht.

Es ist genauso dumm, sich für klüger zu halten, weil man etwas weiß, wie sich für dümmer zu halten, wenn man es nicht weiß, *sagen Wissende*.

Logisch!, *antworte ich,* also gar nicht falsch, aber auch nicht ganz wahr.

Du verbesserst die Welt kaum, indem du niemandem schadest, aber verschlimmerst sie, indem du niemandem nützt.

Behandelt man dich schon gut, wenn man sich von dir misshandeln lässt?

Die Schmerzen, die auch ohne Bosheit schon in der Welt sind, reichen aus, dass Bösewichter sie auf andere abwälzen.

Manche Kunstwerke halten nicht das Flüchtige fest, sondern die Flüchtigkeit selber, wie manche Erinnerung nicht das Vergangene bewahrt, sondern dessen Vergänglichkeit.

Wer nach dem Sinn von allem fragt, bittet schon ganz unsinnig um Gnade.

Philosophen klären Aufklärer darüber auf, was Klarheit bedeuten kann.

Was im Alten Feuer ist, war im Jungen Wasser.

Wer Menschen für eine Idee foltert, hat Körper und Geist auch in Einklang gebracht.

Ein Egoist opfert nicht seine Interessen, aber Leute mit gleichen Interessen.

Miss Dulcinea 2000 kämpft gegen Macho Don Quijote um Windräder.

Ein Alzheimerpatient bleibt jedem Gesunden unvergesslich.

Gedanken siegen durch Opfer falscher Gedanken und nicht falscher Leute.

Wer wäre ohne seine Komplexe kein langweiliger Simpel?

Glücklich bin ich, wenn alle wissen, daß ich auch ohne sie glücklich bin.

Heidegger, Bloch, Sartre... Viele Philosophen, die im 20. Jh. besonders tief über politisches Handeln nachdachten, handelten politisch bedenklich.

Wo die meisten Häuser stehen, herrscht die größte Wohnungsnot.

Cogito, ergo Sumpf : Neue Zaubersprüche

„Man müsste das Leben der Aphoristiker untersuchen; wie weit ihre Form mit der Ungeduld zusammenhängt, Einfälle auszuarbeiten." (L. Marcuse, 1969)

Astronomen sind Leute, für die schwarze Löcher am Himmel wahre Fundgruben sind.

Feste Bindungen sind gut, heißt es, aber wer bindet da wen gut fest?

Geteiltes Leid ist halbes Leid, rief das Herdentier und teilte sein Kopfweh mit hundert Genossen auf ein Prozent herunter.

Erst fand der Mensch die Welt erträglicher und einträglicher als ein Fertigprodukt Gottes und später als ein Rohstoff eigener Arbeit.

Wer gar nichts will, glaubt viel zu erhalten, da wenig kriegt, wer alles will

Wo leben Schlangen, die uns in ein Paradies hineinlocken durch Äpfel vom Baum des Vergessens?

Philosophie heißt: Worauf es überall ankommt, kommt nirgendwo an, und worauf es nie ankommt, kommt immer an.

Du trägst die Verantwortung oder den, der sie trägt.

Die moderne Technik ist weit fortgeschritten. Du bist weit weggegangen.

Sich selbst treu zu bleiben, heißt nichts Neues lernen zu müssen, und sich freudig auf Fremdes einzulassen, ist nur eine Art, charakterlos zu werden.

Jeder lebt isolierter, als man glaubt, und kollektiver, als er selbst glaubt.

Selbstachtung beruht oft auf Menschenverachtung und verhütet Selbstbeobachtung.

Wer seine ganze Habe nicht verschenkt, ist nicht gleich hartherzig, und wer keine Mitmenschen foltert, nicht gleich hochherzig.

Warum habe ich es lieber, wenn du mir Gutes sagst und Böses tust, als dass du mir Gutes tust und Böses sagst?

Wer Besseres nicht erlangt, hat besser nichts verlangt.

In deiner Welt kommen so viele Menschen vor, in deren Welt du und deine Welt nur so vorkommen ...

Ein Idiot kann dich befördern, aber nur zu einem Idioten.

Wer mich verläßt, verläßt sich auf mich.

Wer seine Anhänger bestätigt, hat noch keine Gegner widerlegt.

Wissenschaften, Leidenschaften und Machenschaften vertragen sich nur, wo sie insgeheim einander benutzen.

Durch Witze wirkt Dummes lächerlich und Widerliches weniger widerlich.

Man muß älter werden, um höher zu kommen, was jünger macht.

Gewinne jemanden durch deine Unterlegenheit, damit er deine Überlegenheit auf anderem Gebiet erträgt.

Jeder wird seinen Freund lieben und seinem Feind gerecht, doch schwach will er sie beide.

Der Theoretiker, der sich selbst ändert, *benötigt* und der Praktiker, der die Welt ändert, *verkörpert* eine Begründung.

Mancher Autor lässt seine Figuren soviel zu Lesern reden, dass er daheim den Seinen nicht mehr viel zu sagen hat.

Vielleicht kann ich so wenig, weil wir so viel zu können glauben, und wüßte mehr, wenn wir weniger zu wissen glaubten.

Können auch Träume uns traumatisieren?

Der eine liest etwas und weiß nicht, wie er es erleben soll,
der andere erfährt es und weiß nicht, wie er es nennen soll.

Du dankst für meine Gabe, bist aber dankbar nur für meine Hingabe.

Vor Einstein nur ein kleiner Kopf, vor Stalin aber nur ein kleiner Sünder. Wer nicht klug genug ist, um ein guter Kriminalist zu sein, muß wenigstens zu dumm sein, um ein guter Krimineller zu sein.

Wer ohne Schnaps Mut zeigt, steckt schon im Liebesrausch.

Wie man fremde Leute zuweilen durchschauen kann, kann man auch lange nachgrübeln über das, was man selber erfunden hat.

Vom Kapital lebt es sich oft schlechter als von seiner Kritik.

Dichter und Denker bleiben gesund, indem sie Leser geisteskrank machen.

Wer etwas Besonderes ist, will jeden so wie sich; wer etwas Besonderes sein will, will keinen so wie sich selbst.

Gegen Langeweile hilft Leid leichter als Lust, gegen Verlust aber Vorlust leichter als Langeweile.

Ich gebe dir nichts (vielleicht schadet es dir nur), doch ich nehme dir etwas (vielleicht schadet es dir nicht).

Sagst du von Unmenschen mit, was du von Mitmenschen sagst?

Du lässt dich leichter überzeugen von dem, den du magst, den du aber nicht magst, weil Gründe dich überzeugen.

Jeder Wunschtraum und jeder Alptraum sucht sich seine Schlafmützen.

Was nach langer Suche sich endlich wiederfindet, verlegt und verliert sich wieder besonders leicht.

Kontaktik. *Dass* du mich als bloßes Mittel gebrauchst, kann ich für meine Zwecke gut gebrauchen.

Was bei Jugendlichen Wankelmut oder Standhaftigkeit bedeutet, heißt bei Greisen Flexibilität oder Starrsinn.

Pingpongdialoge. Jeder Aphorismus fällt dem anderen ins Wort und in den Arm. Sie begegnen und entgegnen einander, bevor sie Monologe werden.

Propheten weissagen vor allem, was die Vorsehung uns weismachen will. Sie verbirgt dir, was sie dir alles nicht verbirgt, aber verbirgt dir nicht, was du alles vor ihr verbirgst.

Platos Idee erfährt nichts Sterbliches, sein Gefühl erkennt nichts Ewiges.

Was nicht eindeutig ist, muß nicht zweideutig ein, doch wer sucht die Alldeutigkeit des Undeutlichen?

Der arme Reiche muß sich alles kaufen: Niemand schenkt ihm etwas, der nichts von ihm will.

Erst entlarvst du, was dich verhexen will, dann verhext dich, daß du es entlarven kannst.

Nur wenige wüssten etwas mit sich selbst anzufangen, wenn sie nicht mehr für den Status und Bauch auch ihrer Angehörigen sorgen dürften.

Werk statt Werkstatt? Jeder ist kreativ oder Kreatur.

Narziss hatte bekanntlich eine Schwäche für sich, aber wo deine Stärken liegen, dort wirkst du narzisstisch.

Den rühmst du, der edle Pflichten erfüllt, und rügst den, der sie dir auferlegt?

Wer dich schmeichelhaft kopiert, kann dir allerdings nicht helfen, wenn du mal nicht weiter weißt.

Wolkenschieber. Am liebsten befreie ich euch von meinen Unarten.

Gestorben bist du, wenn nach dir auch die tot sein werden, die dich lieben.

Der Baum der Erkenntnis trägt Lesefrüchte, an denen Eva Adam erkennt; der Baum des Lebens trägt Leibesfrüchte, an denen Adam Eva erkennt.

„Der Tod ist der Sünde Sold", aber sterben Pflanzen und Tiere nicht auch?

Ersetzt Mathematik die eine Weltsprache *vor* dem Turmbau von Babel?

Jeder gibt an, daß er nicht nur angibt, und richtet dir aus, was er in der Welt ausrichten will – wie ein Fest.

Oft kann man uns vor keinem Feind retten, ohne uns bewußt einem noch stärkeren auszuliefern, und muß uns dennoch für Untergänge retten

Unser Leben bringen wir meist zu Ende, aber fast keinen Gedanken.

Harrt nicht ungeduldig des großen Dulders, sondern denkt so komplex, wie die Welt gebaut ist, und doch so simpel, wie ihr euch gestrickt habt.

Versteh dich als langsam entstanden aus dem, was du rasch verstehen willst.

Verbrechen sind Verfehlungen, d. h. so schlimm wie Denkfehler.

Adam und Eva „erkannten" einander, also schliefen sie nicht miteinander. Man liebt und haßt einander trotz seiner Eigenschaften.

Die Ursache gehört auch nicht zur Sache.

Auch Pfeffersäcke tragen gern Tränen- und Bettelsäcke.

Realismus ersetzt keine Realität, aber Philosophie manche Weisheit.

Gegen die siegreichen Wahrheiten von heute helfen überholte Irrtümer von vorgestern, keine Dogmen von morgen.

Viel hässlicher und lächerlicher als mein sichtbarer sind eure inneren Buckel, lachte Lichtenberg und haßte Kraus.

Widerstand leistet ein Freud sowohl dem Widerstand des Patienten gegen seine Wahrheit als auch allem Uninteressanten, was am Patienten *nicht* Widerstand ist – also allem am Patienten.

Berufsphilosophen heute bilden mehr Staatsdiener als Wahrheitssklaven.

Jeder erreicht und jeden erreicht sein Armutszeugnis als Meisterbrief.

Ich habe dich zum Fressen gern: Wer liebt, verschlingt sein Verschlungenwerden und wird von seiner Fresslust verzehrt.

Geh in dich, aber nicht durch dich hindurch und hinten gleich wieder aus dir heraus.

Vom schwarzen Weltraum aus wirkt die Erde so blau wie der Tageshimmel von der schwarzen Erde aus.

Verliere gegen mich und du gewinnst mich für dich, aber gewinnst du stets, an wen du dich verlierst?

Das Recht setzt sich am Ende immer durch: Was sich am Ende durchsetzt, ist immer Recht.

Was dich aufhält, bringt dich weiter; was dich ans Ziel bringt, hemmt dich.

Einst lebten unterschiedlichste Leute im selben Haus, heute
leben ununterscheidbare Leute in verschiedensten Häusern.

Jeder hat das ewige Menschenrecht, sich seiner Pflicht zu unterziehen.

Der Junge, der ich war, und der Alte, der ich bin, staunen sich an und verstehen sich schlechter als mit der eigenen Frau.

Unabhängigkeit von den anderen kommt aus Abhängigkeit von den einen.

Mancher wird eine Katastrophe, wenn er keine bekämpfen darf.

Patriarchen sind misogyn? Das Weib im Manne haßt alle anderen Frauen.

Viele Bildungsproleten beherrschen wenige geistreiche Köpfe.
Dieses Elend hat noch keinen Marx gefunden.

Eine Diktatur ist so schlecht, dass man dort nicht mal Pessimist sein darf.

An Lebenden ist *alles*, an Toten ist *nichts* sichtbar außer ihren Gedanken.

Auch in rechtsfreien Räumen bewegt sich jeder gleichberechtigt.

Kristallgitter als Spiegelkabinett

Charakterstärke heißt, seinen Schwächen treu zu bleiben.

Es genügt nicht, bewußtlos zu werden, um viel vom Unbewußten zu haben

Wer tut, was er wollte, erfüllt auch Prophezeiungen.

Jeder Gedanke sieht einem Kopf ähnlich und einem anderen unähnlich.

Als die Seele noch unsterblich war, lag der Sinn deines Lebens in dem Ziel, das alle deine Ziele haben, auch ohne es zu merken.

Ordnung heißt: Organisationen überleben Organismen.

Ein unsterbliches Leben hätte auch kein happy end.

Zeugen und Töten sind leicht; warum sind Lieben und Sterben so schwer?

Wer uns das Leben zur Hölle macht, macht uns seinen Tod zum Himmel.

Was uns das Leben zur Hülle macht, muß keine Fülle sein.

Gegen Übervölkerung hilft weder Entmenschung noch Unmenschenmord.

Jeder sitzt auf seinen vier Buchstaben, die in kein Alphabet gehören.

Destruktive Kräfte bauen goldene Scheiße, konstruktive beseitigen sie.

Wer liest jetzt Goethe, um sich zweihundert Jahre jünger zu fühlen?

Der Christ lebt nie von Brot und Wein allein, auch Steine sind unsterblich.

Wer im Untergrund lebt, kann sich vorm Unterbewußtsein verstecken.

Die sieben Todsünden bestehen nun darin, sich Lebenshilfen zu nennen.

Auch das Licht hat seine zwei Seiten, eine helle und eine dunkle.

Opfere dich für eine Idee und sie wird größer, opfere andere für eine Idee und sie wird kleiner.

Manchmal kann man siegen und trotzdem Erfolg haben.

Wurde ein frommer Angsthase je einem kühnen Gauner vorgezogen?

Was du am liebsten überprüfst, bildet oft den einzigen Prüfstein für dich.

Fortschritt schreitet im Sturmschritt immer weiter, bis er fort ist.

Gemeinhin taugt man soviel wie der, den man erfreut.

Um mit Gedanken Erfolg zu haben, genügt es, sie nicht zu Ende zu denken

Mal dit, mal vu. Die meisten Leute denken gar nicht auf gleiche Weise, sie denken gleicher Weise gar nicht.

Ehe die Nation sich nicht selbst verstaatlicht, passen auch Großkonzerne in keine enge Privatsphäre.

Logik kennt keine Metaphern, doch kennt Lyrik nichts als Metaphern?

Gott gilt als maßvoll und unendlich zugleich. Die größten Reden sind nicht die endlosen, aber gibt es grenzenlose Beschränktheit?

Wer noch im Himmel sündigt, macht sich das ewige Leben zur Hölle, und wer Gutes tut, versündigt sich an (einem oft verleumdeten) Satan.

An Christus glauben heißt nicht den Menschen glauben, die nach seinem Tode mit Jesus gesprochen haben wollen.

Wer kann unter Brüdern frei oder gleich bleiben?

Was nicht paradox ist, existiert nicht; was es nicht gibt, gibt sich paradox.

Unter *Verstehen* versteht man nicht, Missverständnisse auch noch misszuverstehen.

Wer unseren Wissensdurst und Bildungshunger anfachen will, muß eher unsere dümmste Habgier als unsere klügste Neugier wecken.

Schöne Männer, die schon 50 sind, übersehen dicke Frauen, die erst 60 sind, und Frauen, die erst 40 sind, ahnen nichts von romantischen Verehrern, die schon 14 sind.

Der Realist lernt das Leben zu früh kennen, der Idealist zu spät.

Der Egoist kümmert sich nicht um andere, doch wer andere ignoriert, mißbraucht sie auch nicht für seinen Egoismus.

Der Wohlhabende bedankt sich durch Knauserigkeit, der Habenichts rächt sich durch Freigiebigkeit.

Gesellschaft heißt: Wer sich nicht damit langweilen will, mich nicht zu langweilen, muß sich damit unterhalten, mich nicht zu unterhalten.

Der Ungezwungene zwingt dir eine Rolle auf, und wer sie gut spielt, wirkt natürlicher, als wer gar keine spielen kann.

Die Neuronen überleben die Seele, und die unendliche Hinterwelt versank in unendlich vielen möglichen Nebenwelten.

Wer andere Individuen nicht versteht, ist selber keins, und wer sie ständig bekämpft, hat keine Zeit, eins zu werden.

Geben ist oft habseliger, armseliger und feindseliger als Nehmen.

Als Mensch galt lange nur, wer alles tat, was ein Menschenaffe nicht kann, und nichts tat, was der auch kann.

Adam und Eva *erkannten* sich nicht. Sie liebten sich. Oder umgekehrt.

Eine Theorie sollte zu wahr sein für die Praxis und ein Mensch sich zu gut sein für Aktionen.

Lust(b)locker. Wer beim Kunstwerk nach dem Modell fragt, denkt beim Modell an kein Kunstwerk.

Dass es überhaupt etwas gibt und nicht vielmehr gar nichts, ist eine Gabe Gottes, und aus Herrschaft ergibt sich, dass man sich ihr ergibt.

Unerschöpflich heißt ein Objekt, das die Forscher noch nicht erschöpft hat.

Ein guter Autor kann alles beschreiben, außer seine besten Leser.

Viele wollen nur von sich geben, was sie von anderen nehmen wollen.

Wenn ich wüsste, wovon ich rede, würde ich es tun und verschweigen.

Sie wissen nicht, was sie tun. Die übrigen tun nicht, was sie wissen.

Marxismus versprach bloßen Lebensunterhalt durch bloße Philosophie.

Für die Bekämpfung der Ruhmsucht kann keiner berühmt werden wollen.

Zu viele Künstler und Wissenschaftler gehören zur angesehensten Art von Edelsklaven, die fast jeden Spartakus verraten.

Gekettet bist du an den, der dir die Ketten abnimmt oder dich auch nur frei nennt. Und wer uns dumm oder feige nennt, darf es nicht selber sein.

Intelligent wirkst du, wenn deine Dummheiten ansteckend wirken.

Mit jedem neuen Werk veranstaltet der Autor eine Bücherverbrennung.

Lügen über Lügen ergeben noch keine Wahrheit.

Ich lüfte deine Geheimnisse in mir und meine Geheimnisse in dir.

Was nicht immer ist, wird wie nie gewesen sein, und was einmal war, wird allein, wenn der Ewige will, immer gewesen sein können.

Vier Menschentypen unterscheiden sich darin, ob sie sich von erhabenen oder niedrigen Naturen erniedrigt oder erhoben fühlen.

Die kleinste Begabung gibt einen zuverlässigen Schutzengel ab.

Geringste Naturgesetze sind dauerhafter als höchste Menschensatzungen.

Sieht dein Utopia zumindest einen *poeta minor* über dem Boxweltmeister?

Der Mut des Kriegers dient dem Frieden der Feiglinge.

Die Reichen täuschen uns ständig über ihr wahres Interesse, uns über unsere wahren Interessen zu täuschen.

Einst schufen nur die Klugen sich reich, einst werden nur Kluge Arm und Reich abschaffen, aber nicht Dumm und Krumm.

Es ist ja sinnvoll, fremde Sinne zu bedienen, bereitet aber wenig Lust, fremdem Sinn zu dienen.

Die meisten sind freier, sich von schlechten Moden beherrschen als von guten Herren entfesseln zu lassen.

Man handelt ohne gute Gründe und unterlässt es trotz aller guten Gründe.

Wiegt ein gutes Werk, das auch getan wird, hundert Bosheiten auf, die nur geträumt sind?

Die Klugheit ist oft zu dumm, sie auch zu nutzen, und wer sie zu nutzen wüsste, nicht klug genug.

Todestag des Pragmatikers: Hinfälligkeitstermin des Erfolgerichtigen.

Der Intellekt entsteht im Affekt und gegen ihn.

Das Schreiben ist die Handarbeit der Kopfarbeiter, aber noch nicht die Kopfarbeit der Handarbeiter.

Das beste geistige Band dieser zerfallenen Zeit: ein Aphorismenbändchen.

Pragmatismus: Kreuzung von produktivem Unsinn und nutzloser Wahrheit

Ehrgeizig nenne ich den, der seine Ehre darein setzt, mit meiner Ehre zu geizen.

Wer durch das Herdentor will, muß sich klein machen, damit alle im Stall Platz und Futter finden.

Ginge es dem Guten immer gut, käme das Schicksal nie auf seine Kosten.

Ist frei, wer sich verantwortlich fühlen muß für Fatum und Losgewinne?

Die Gesellschaft zersetzt sich, da jeder nur sich selber liebt, und hält zusammen, da jeder sich beliebt machen will.

Es ist klar, die erklärten Teufel sind längst darüber aufgeklärt, wie sie die Aufklärung der armen Teufel durch Verklärung ersetzen.

Kultur neigt zur Unwahrhaftigkeit, Natur zur Unwahrscheinlichkeit.

Wer Kinder vor der Geburt töten dürfte, müßte sie auch nach der Geburt töten dürfen.

Kant kritisierte die „reine Vernunft" durch Anschauung von physikalischen Objekten, nicht durch Ergriffenheit von physischen Affekten.

Am meisten verwirren uns Klarheit und Ordnung.

Wer versteht sich selbst und alles, wer er selber macht, besser als anderes?

Oft weiß der Verstand sogar, wann er zu verlieren ist, nie aber der Affekt, wann er zu siegen hat.

Seit Kant steht der Mensch ganz unter dem Eindruck, den er auf alle Dinge macht.

Iwan, der erschrickt, ist der Schrecklichste.

Spießgesellen definieren Gesellschaft als unumgängliche Umgangsform.

Gitterstäbe werden geschmiedet durch Rütteln.

Philosophen sind auch nicht mehr die Könige der Hinterweltreiche.

Mußte Gott Mensch werden, weil der Mensch Gott werden wollte?

Es ist schon Gnade, etwas als Gnade zu erkennen.

Seit Luther beten Christen um einen ungerechten Gott.

Wie kann ein Erkenntnisapparat, der sich aus der Natur herausentwickelte, sich überhaupt irren über sie?

Wer bezichtigt sich ohne Eitelkeit eben dieser Eitelkeit?

Mit deinen Bekannten sterben peinliche Zeugen deiner Schwächen und Vergehen.

Schreibe so klar, dass du jeden Leser verstehst.

Der deutsche Sozialismus 1968 war eine unverdiente Erhebung von Bürgerkindern in den Proletenstand.

Lebenslanges Lernen heißt: Dumm leben und klug sterben.

Das neue verhält sich zum alten Testament wie Glaubensbekenntnisse zu Gotteserkenntnissen.

Moderne Schutzengel haben volle nukleare Erstschlagskapazität.

Dichterische Freiheit wird unterstellt, damit die Gesellschaft zurechnungsfähige Künstler auszeichnet und nicht nur Naturtalente oder sich selbst.

Am schönsten ziehen die Literaten in Büchern das Leben dem Lesen vor.

Künstler schaffen Werke, um nicht nach ihrem Leben beurteilt zu werden.

All unsere Sinne beflügeln und beflügelt nur das Wunschdenken.

Man muß sich einer Sache hingeben, für die man sich nicht hergeben will.

Der tragische Hamlet wäre undenkbar als Erwerbstätiger.

Mancher zwingt mich, seine Vorurteile über mich endlich zu verifizieren.

Früher sollte jeder Mensch ein *animal rationale* sein. Heute will jeder gerade noch eine *ratio animalis* haben.

Unsinniges oder Unstimmiges?

Wer überall die Wurzeln zieht, kann nirgends Wurzeln schlagen.

Pestalozzi: „In den Bau der Welt taugt nur der abgeschliffene Stein", ins geistige Weltgebäude auch der geschliffene (Wider-)Spruch.

Wer integriert, vereinigt nichts, und wer differenzieren kann, legt Differenzen eher frei als bei.

Moral des Wissens: Ließen deine Meinungen sich noch verteidigen, wenn du alle Menschen dazu bewegen könntest, sie freiwillig zu teilen?

Wer kann ohne Spiegel gleichzeitig die Sonne und seinen eigenen Schatten sehen?

Wie viel muß man übersehen können, um Übersicht zu gewinnen?

Deutschland wurde reich an Geisteswissenschaften (*moral sciences*), da es von Frankreichs geistreichen Moralisten nichts wissen wollte.

Mancher kämpft für seine Bedürfnisse, als kämpfte er für die Bedürftigen.

Könnte darin noch handeln, wer das große Ganze durchschaute?

Man kann die Evolution verstehen ganz ohne den Allmächtigen, aber diesen auch ohne die Evolution, denn Er lässt sich nicht begreifen als einziger Überlebender von olympischen Existenzkämpfen.

Wer ein Teleskop (oder grobe Gegner) hat, sieht nur noch Sterne.

Kant. Das Dingsbums *an sich* der Mutter Natur ist für den Erdensohn unerkennbar und nicht sinnlich gegeben, weil schon an Gottvater vergeben.

Jeder tritt zurück, der eine mit Stiefeln, der andere von allen Ansprüchen.

Wenn du reflektierst, reflektiert die Welt das „Licht deiner Vernunft" und verschluckt die Farben, die sie nicht selber bekennt.

Besessen sein darf man nur noch vom Besitztrieb.

Ein Buch dreht uns den Rücken zu, steht mit dem Rücken zur Hand, und wer es liest, erfährt von Erfahrungen, die er selber nicht macht.

Wer sich niemals in die Wüste schickt, wird ein Wüstling.

Im Anfang war das Nachwort, am Ende das Machtwort und dazwischen das Widerwort.

Im Mittelpunkt stehen nur noch Exzentriker.

Die wichtigsten Mitglieder jeder Gemeinschaft sind die Ausgeschlossenen.

Wem Fremdartiges fremd bleibt, wird eigenartig.

Du sollst dir kein Bildnis machen, auch nicht von den Bilderstürmern, und sogar Maschinenstürmer werden schon maschinell hergestellt.

Mobile Leute in ihren Immobilien sind mobilisiert und bewegen nichts.

Wer langsam nachlässt, ruft schnell den Nachlaßverwalter.

Dirnen gehen auf den Bindestrich, Trennungsstrich oder Gedankenstrich – durch die Rechnung der Freier.

Psychologen analysieren uns die unsterbliche Seele aus dem fitten Leib.

Existenzkampf : Alternative von Halsbrechen und Halsabschneiden.

Auch Todesangst schreibt Bücher gegen sich.

Das kalte Grauen, dem deine Idylle keinen kleinen Platz einräumt, wird der kleinen Idylle auch keinen Platz lassen.

Fragen nach dem Leben beantworten sich erst nach dem Leben oder nie.

Wer meine Schwächen lobt, liebt mich wie einer, der mir meine Vorzüge verzeiht.

Man ist verurteilt, den zu lieben, den man nicht anzugreifen wagt, und den zu verachten, dem man seine Liebe zu gestehen fürchtet.

Die Unschuld des Kindes nimmt die Vernunft des Greises vorweg. Impotent und arbeitsunfähig sind beide.

Geblendet von Erscheinungen heißt noch nicht von Ideen erleuchtet.

Das Licht der Vernunft ist der Schatten der Vorsehung, und mit dem Licht der Welt erblickst du den Schatten der Vor- und Nachwelt.

Soll man dir dein Kreuz abnehmen oder dich vom Kreuz abnehmen?

Wer sich mit der Natur nie vertraut macht, ist ihr nicht bekannt.

Gute Werke können Handlungen oder auch Abhandlungen sein.

Handeln verbraucht mehr Leben, doch weniger Lebenszeit als Denken.

Einige betrinken sich daran, daß sie andere besoffen machen.

Du fürchtest nicht genug jene deiner Einfälle, die sich vor Mächtigen besser als vor dem Allmächtigen rechtfertigen können.

Nichts trennt uns leichter als ewiger Friede, nichts vereint Staaten tiefer als Kriege.

Aphoristiker sind Satzsteller: Fallensteller die sich in *einem* Satz über Menschensatzungen statt Naturgesetze hinwegsetzen.

Eine Brücke muß länger sein, als der Abgrund breit ist, den sie überspannt.

Aufrichtige Worte meinen den aufrechten Wolfgang der geistigen Dinge

Künstler können nie ästhetisch besser, Kunstwerke nie ethisch gut sein.

Heidegger hat den Schönheitsfehler, daß er uns davon abhält, seinen Lehrer Husserl zu lesen, von Hegel ganz zu schweigen.

Die bestmögliche Zukunft wird die bösen, nicht die besseren Epochen der Vergangenheit überflügeln.

Die Welt steht vor Gott wie Gewalt vor dem Gedanken – als stünde ein tieferer Gedanke vor höherer Gewalt.

Sinnlich sittlich : Daß du mir Gutes tust, soll mir besser tun als dir.

Was zwischen Hirn und Hoden weder Hirn noch Hoden ist, nennen die Herren ihr Herz.

Die Geburtswehen des Christen dauern lebenslang, er stirbt ins Licht der Welt hinein.

Linke verurteilen die Schufte, die nicht von ihrem Schuften leben.

Jeder ist soviel wert wie das, was ihm fehlt, nicht was er hat.

Wer sich selbst erkennt, gibt sich selten zu erkennen, und wer sich nie durchschaut, wird durchschaut.

Anerkennung erwirbt man leichter von denen, die sie nicht verdienen.

Technik: Versuch menschlicher Geschöpfe, den Schöpfer zu erziehen.

Wer sich selbst erkennt, erkennt dasselbe wie jeder.

Nur wer sich ans andere Geschlecht nie herantraut, fürchtet es nicht.

Viele wagen nicht, Böses zu tun, aber doch Gutes nicht zu tun.

Ein Gefühl heißt die Ladedauer zwischen zwei Gedanken, wenn der Intellekt nicht die Ruhepause zwischen zwei Affektstürmen abgibt.

Wer gesellschaftlich herrschen will, ist von der Gesellschaft immer schon beherrscht.

Outfitness. Was Macht kann, bestimmen Wissende, doch was Wissen ist, bestimmen Mächtige.

Schriftsteller haben nun Druckköpfe und verschießen Tintenpatronen

Auch Nietzsches Theorie, daß jede Theorie unwahr sei und nur Macht ausüben wolle, ist dann unwahr und will nur Macht ausüben.

Zum ersten Mal haben mehr Frauen als Männer Hochschulabschlüsse, doch immer noch wollen sie lieber die Manager heiraten, die zu werden sie zu feig und zu faul sind?

Larochefoucauld schrieb die ersten Aphorismen, als jeder hundertste Pariser als Irrer, Verbrecher oder Freigeist zum ersten Mal in Kasernen eingeschlossen und von den Normalen ausgeschlossen wurde.

Beherrsche deine Selbstbeherrschung, die die Welt beherrscht, ohne dich von Herrschsucht beherrschen zu lassen.

Überlege, dass du dem unterlegen bist, der dir deine Überlegenheit bestätigen soll.

Offenbart Gott sich in unseren Deutungen seines Schweigens oder in unserem Verschweigen seiner Offenbarung?

Wer sich als unverkäuflich verkauft, will oft nur seinen Preis hochtreiben, und wer sich verkauft, zeigt sich so wertlos, dass er Gewinn machen muß.

Harten Fakten weichen weiche, doch auch harte Worte oft nur aus.

Hirnverkalkung wirkt herzerweichend, aber Hirnerweichung äußert sich in Hartherzigkeit.

Autoren können keine schöneren Titel tragen als die Titel ihrer Bücher

Nun genießt sie das Recht, sich von ihm kumpelhaft anrempeln zu lassen, und er das Recht, von ihr wie eine Rivalin behandelt zu werden.

Wer mir klar machen will, daß ich nicht ganz klar bin im Kopf, muß nicht mehr zum Narren gehalten werden.

In auctore auctoritas. Es gibt gute Autoren ohne besondere Autorität und keine wahre Autorität, die nicht die eines großen Autors wäre.

Wer für ein Glück zuviel oder zuwenig aufwenden muß, kann es kaum genießen.

Intellektueller wird genannt, wer sich ständig verteidigt gegen Kritik, die nicht kommen will, und gegen die aggressive Selbstverteidigung von Fakten und Texten gegen ihre sachgerechten Deutungen.

Alle Obrigkeit ist von Gott, ihr Sturz aber auch. Gottesdienst ist kein Tyrannenlob, freiwilliges Tyrannenlob jedoch Gotteslästerung.

Was wir können, kennen wir noch nicht;
was wir kennen, können wir nicht mehr.

Pastor otiosus. Der Hirte hütet seine Herde – für die Schlachtbank.

Überall wird verfügt, dass normale Sterbliche füglich als Unbefugte gelten.

Ist Moral mehr als autoritär geregelter Zugang zu gut verknappten Gütern?

Mehrheitswahlrecht den Mittelmäßigen, das Vetorecht dem Außenseiter!

Besessen von dem, was du nicht besitzt: Was *hast* du, d. h. was *fehlt* dir?

Stolze Herren, glatter Service – verschämte Chefs, mufflige Bedienung.

Was ist besser als leben? Besser leben.

Wir erinnern uns an weniger Tote als wir künftige Leichen einplanen.

Heute muß jeder Zeitgeist nur wenig wechseln, um ganze Bibliotheken der *philosophia perennis* zu makulieren.

Wer will klüger sein, als sich für klug verkaufen zu lassen?

Den Menschen ist es mißlungen, die seßhafte Häuslichkeit, Auto und Fernseher, Gen-Labor und Internet nicht zu erfinden.

Genießer & Genossen(e)! Wer müßte keine Psychoanalyse machen, um seine „Erinnerungen" statt seine „Verdrängungen" schreiben zu können?

In Raten abgestotterte Schuld

Alle Geldleute nehmen an, daß alle Leute Geld annehmen.

Kleine Leute beweinen im Lustspielfilm das happy end ihrer Herrschaften und bejubeln deren bösen Untergang in Leinwandtragödien.

Wer sich durch Verschenken nicht bereichert, verarmt durch sein Vermögen.

Großes läßt sich zerlegen in Kleinigkeiten, besteht aber nicht aus ihnen, und Geringfügiges besteht aus Größen, ohne je in sie zu zerfallen.

Durchsichtige Dinge können undurchdringlich und durchlässige undurchschaubar sein.

Aphoristiker gehen mit Dichtern und Denkern um und umgehen sie.

Ein Aphorismenband fügt sich sprachlich zusammen aus genügend vielen Scheidungspaaren und zerfällt in beliebig viele Liebespaare.

Traum der Aphorismen: Daß der Zensor sie noch hundert Jahre später passieren läßt aus Unverständnis oder Angst vor ihnen.

Viel mehr von mir als mein Leib ist nicht in eurer Welt, und nicht viel mehr als eure Welt ist nicht in meiner Seele.

Emanzipation von Gottvater wirft jeden Kerker in jeden Menschen.

Am zweckmäßigsten erweisen sich immer die Mittelmäßigen.

Modern wirkt, wer sich durch feste Ziele nur aufgehalten fühlt.

Wem nicht mal Hören und Sehen vergeht, ist ein Vernunftwesen, das sich nicht nur am Hören und Sehen vergeht.

Aus dem Kaffeesatz gelesen. Der beste feste Grundsatz ist ein Bodensatz von Problemlösungen, kein uneinlösbarer Vorsatz.

Aphorismen: Angriffswaffen, die uns verteidigen können, da wir sie nicht verteidigen müssen. Wer nicht den kürzeren zieht, langweilt.

Sinn hat nur noch, was Zweck hat, also Taten und keine Tatsachen.

Konversation gelingt, wenn jeder immer neu stockt, um zu hören, wann der andere auch nicht mehr weiter weiß.

Kämpft für mein Menschenrecht, dass mir jeder gleichgültig bleibt und ich keinem gleichgültig bin.

Ein wahrer König ist ein Tyrann, der alle seine Untertanen zu Königen macht.

Gute Literatur ist gewöhnlich auch Trivialliteratur. Sie zeigt uns die Wonnen unserer Gewöhnlichkeit.

Ewiges Leben im Himmel ist kein Weiterleben im Magen von Geiern.

Wo Sinnfragen sich erheben, fällt die Antwort unerheblich erhaben aus

Der Materialist himmelt die Erd(oberfläch)e an wie Satan die Seelen.

Was nicht abstoßend wirkt, ist auch kein Stein des Anstoßes, und die kleine Erde zieht uns stärker an als die große Sonne.

Verlasse die Vereine noch vor ihrer Gründung, ehe die Verstoßenen prominent werden, und zähle keine Personen, bevor sie gezeugt sind.

Stelle fest, dass nichts feststeht als deine eigenen Festsetzungen.

Unendlichkeit wird endlos geleugnet, damit keine Begrenzungen sich mehr in Grenzen halten.

Nur für eine Sau bin ich kein Schwein.

Aphorismen wollen den Geist von Sozialsystemen sprengen und den von Sonnensystemen spiegeln.

Jeder ist gefangen in einer Zelle und frei in Milliarden seiner Zellen.

Lieber wahre Beobachtungen ohne fälschende Beobachter als gut Beobachtete, die nichts wahrhaft beobachten!

Was besteht, muß nicht vergehen. Es besteht nur, *indem* es vergeht.

Wer im Schatten steht, kann Schattierungen erkennen und anbringen

Entwickelt jeder sich im Jenseits weiter oder lieber diesseits in Jüngeren?

Waren langlebige Leute Spätentwickler?

Zeit ist eine Geschichte der Diktaturen und eine Diktatur der Geschichte.

Esel und Kamel verstehen sich so wenig wie Pfau und Löwe.

Die Bandbreite aller Aphoristiker liegt darin, wie viel Dichter im Denker und wie viel Denker im Dichter steckt.

Mit Lindwürmern fängt man nicht kleine Fische.

Wer lebt, gibt sich Recht. Wer stirbt, gibt der Welt (ihr) Recht. Die ganze Welt überlebt in jedem, und wer stirbt, überlebt *als* die ganze Welt.

Leidenschaft kann Kinder, Freundschaft kann Erwachsene machen.

Krankheiten können von modischen Gesundheitsstandards heilen. Leibeswohl, Seelenheil und Geistesstärke sind unvereinbare Gesundheiten.

Man kann von vielem überzeugt sein, ohne sich davon überzeugt zu haben.

Permutativ kontextisolierte mehrdeutig konzispointierte Sachprosaform
Dicke Bücher werben für kurze Bonmots, die sie nur interpretieren.

Man ist schon dankbar für Zeiten, wo mehr Blut in den Adern als aus den Adern fließt, und welche Todesgefahr ändert ein Geistesleben?

Bin ich das Opfer wert, dass so viele Menschen, willentlich oder unfreiwillig, für meinen heutigen Komfort gebracht haben, auch ohne dass andere die Opfer wert sind, die ich ihnen bringe?

Den Menschen vom Menschen her zu verstehen, macht unmenschlich.

Dein Weltbild minus deine schöpferische Einbildungskraft erschöpft ja noch nicht Gottes Schöpfung.

Alt ist ein Mann, der nicht einmal mehr gern Verlangen nach Frauen hätte.

Ökologie hat todsichere Mittel gefunden, die Umwelt nicht zu retten, die menschliche Natur nicht zu gewahren und die Umweltschützer zu schützen

Ich fühle mich jedes Mal angegriffen von meinen Angriffen auf andere.

Die Art, wie eine Epoche sich ad absurdum führt, führt in die nächste.

Cogito, ergo sunt. Cogitor, ergo sum. Ich denke, also binär.

Petites pensées viennent de liqueur.

Das kleinste Hirn macht uns denken, das Herz mache sich groß Gedanken.

Gespräche. Schwangerschaften lassen sich abbrechen, nicht unterbrechen. Ich unterbreche mein Schreiben nach jedem Satz und gebe das Wort ab an die Realität, die ich dann mit einem neuen Satz beantworte, und in der Leere zwischen zwei Sprüchen hat der Leser genug Zeit zu widersprechen und wieder zu *sich* zu kommen. Zwei Sprüche folgen *auf*einander, nicht *aus*einander, und errate zwischen beiden den Einspruch der Welt.

Böse wirkt, wer nicht einmal den guten Willen zeigt, ihn zu haben.

Le Grand Principe. Hat es einen besonderen Grund, dass alles einen Grund hat oder die ganze Welt gar keinen Abgrund hat?

Überhaupt lässt sich ja alles behaupten. Du hast deine Behauptungen bewiesen, doch deine Beweise und dich nur behauptet

Bedeutung hat oft gar keine, doch hat ein Sinn und Wert immer einen?

Wer sich an alles erinnert, erfreut sich des schlechtesten Gedächtnisses.

Adhortationsformel : Laß dich von Aphorismen zu nichts ermahnen!

Nichts kettet Mächte enger zusammen als Mauern zwischen ihnen, und nichts trennt sie tiefer als fehlende Grenzlinien.

In der ersten Lebenshälfte gewöhnen wir uns daran, in geheimnisvollsten Rätseln platteste Selbstverständlichkeiten zu sehen, in der zweiten Hälfte das Gegenteil.

Wer sich nicht selbst beherrschen kann, will sich aber selbst bedienen.

Mancher verzweifelt am Glauben, glaubt aber nicht seinen Zweifeln.

Ist dir alles wurscht, finden dich einige selbstlos, andere eigensüchtig.

Bitte, danke. Die vielsagendsten Gedanken folgen unerhörten Gebeten.

Glück macht Esel, doch mit Platon, nicht mit Christus, können auch die noch gescheit werden, die am Leben nicht gescheitert sind.

Es gibt fast kein Gesetz gegen Laster, die sich fast keiner leisten kann.

Mut und Verstand lassen sich nur schwer vortäuschen oder verhehlen. Verständnis und Demut finden deshalb mehr Verständnis.

Wer jung ist, sucht ein eigenes Leben, wer alt wird, einen eigenen Gedanken, und wer sich viel leistet, leistet nicht viel.

Freiheit ist unser Fatum, also freies Spiel dem Schicksal!

Politik: Gute Gewalt im Dienste des Rechts, schlechtes Recht im Dienste der Macht.

Prominente machen mißgünstig oder schadenfroh, Normalsterbliche gierig oder gleichgültig.

Das Oberflächliche ist das Flachste und Niedrigste, was oben sein kann.

Körper, die verfallen, steigen ins Grab, Geist, der uns erhebt, läßt sich in den Himmel fallen.

Wer den befreit, der sich verschließt, beraubt ihn auch der Freiheit.

Integre integrieren nichtintegre Personen – und umgekehrt.

Intellektuelle sind kein Teil der Gesellschaft. Sie sind schon Individuen.

Schön erscheinen zarte Bilder, welche die Einbildungskraft entwaffnen.

Fürs Leben lernt man aus guterfundenen Lebensgeschichten.

Gott wollte seine Ebenbilder entzweien: Sie haben sich nie geeinigt auf und über ihn.

Auch *Schwarze Löcher* und *Schweinehunde* sind Anthropomorphismen.

Busen wollen angesehen und doch übersehen werden, um uns in beiden Fällen als Flegel zu sehen.

Mancher glaubt nur an einen Gott, den er selbst entworfen, und leugnet den, der ihn selbst erfunden hat.

Mein Stern am Himmel : das fünfte Rad am Großen Wagen.

Naturkatastrophen wollen unter Menschenwerk verschüttete Gotteswerke zeigen, Kulturen unter Gotteswerk verschüttete Menschenwerke.

Selbstbestimmung : Ich atme nur, wenn *ich* es will.

Verplemperte Zeit nennt sich schnellebig.

Ob und was man jemandem raten soll, muß man auch noch raten, und gib viel auf einen Rat, der viel Rätsel aufgibt.

Wer der Sprache nicht mächtig genug ist, sucht Unaussprechliches und Unsägliches in Musik und Malerei, wo ihm Hören und Sehen entsteht.

Soll es eine Hölle geben, kann unter dem Herrgott keine Narrenfreiheit herrschen.

Wer wagt Öl auf die Wogen zu gießen, wenn es beim Streit um Atomstrom hoch hergeht?

Das Undurchsichtige und Unverständliche an der Welt sieht allein der Verstand, doch das Durchschaubare am Kosmos wird mutig vermutet.

Man bewirkt seine Leidenschaften mit und erleidet seine eigenen Werke

Man muß Altes kennen, um zu wissen, was neu ist. Wer nichts Neues kann, muß Veraltetes kennen, um überhaupt etwas zu können, und wer alles kennen lernen will, muß etwas erneuern können.

Im Christentum sind reuige Täter nur verlorene Söhne und unschuldige Opfer nur arme Erbsünder.

Die Astronomie hat den Einfluß der Gestirne auf unser Leben reduziert auf Spuren, die Röntgenstrahlen aus Supernovae in hochempfindlichen Detektoren hinterlassen. Und Astrologen waren Astrophysiker, die den Einfluß der Himmelskörper nicht beschränkt haben auf Astrophysiker.

Wer Gott sehen will, muß sterben; wer stirbt, kann auch den Satan sehen

Es ist besser, den Geist auf die Gier zu richten als die Gier auf den Geist

Regeln werden nicht angewendet, um Taten zu verüben, sondern Tätigkeiten ausgeübt, um Regeln einzuüben.

TV unterhält uns damit, daß uns Fremde beim Unterhalten zuhören lassen.

Zu viele Angaben ergeben nur Annahmen von Angebern.

Die Grenzen, die der eine überschreitet, übergeht der andere.

Wer mehr einnehmen will, als er andere ausnehmen kann, muß Technik annehmen.

Was es gibt, gibt sich Recht. Intellektuelle sind Rechtsanwälte dessen, was es zu Unrecht noch niemals gab oder nicht mehr gibt.

Du willst etwas, da du nichts darfst, und tust nichts, da du alles darfst.

Salondit. Larochefoucauld sagte in jedem Satz, daß jeder sich selbst nicht weniger liebt, als sein Schöpfer ihn liebt.

Ansätze in Hülle und Fülle

Die Eingebungen der Musen bilden die Einnahmen der Künstler.

Überkommenes wird übergangen, und dir entkommt, was dir entgeht.

Man kann eingehen *mit* und muss nicht eingehen *ohne* Einkommen.

Die Herren wollen nur noch die anstellen, die sich nicht so anstellen.

De revolutionibus orbium coelestium. Revolution heißt, daß das umwälzend Neue stets in der Restauration des himmlischen Gesetzes liegt

Die staatliche Machtpredigt ist so moralisch, wie das soziale Moralmonopol gewalttätig ist.

Das Christentum hat die Welt erobert, indem es verweltlichte, doch Weltleute erobern nicht die Kirche, indem sie sich taufen lassen.

Wenn niemand mehr hungrig, durstig, obdachlos, gejagt, misshandelt, erniedrigt, ausgebeutet und unterdrückt ist, quälen uns dann immer noch Liebeskummer und Langeweile, Geltungssucht und Todesangst?

Leichter verzeiht, wer sich selber schuldig fühlt.

Vor Gott, der uns vereinzelt, waren wir einst gleicher als vor dem Tod, der uns nur noch trennt und atomisiert.

Die Lebenden klettern über die Halbtoten. Solidarisiert uns das Sterbenmüssen mehr als Besitz, Talent, Charakter, Glück und Unglück?

Als K. eines Morgens aus wirren Träumen erwachte, fand er sich über Nacht in einen erwachsenen Menschen verwandelt...

Mancher wird von Ideen beherrscht, bevor er die Sprache beherrscht.

Schreibt der Autor mit Hilfe seiner Muse oder sie mit seiner Hilfe?

Man haßt noch kein Verbrechen, wenn man nur die Strafe dafür haßt.

Realist ist, wer auf die Idee kommt, platonische Ideen nicht zu realisieren, und sich dafür vom Leben strafen läßt.

Wer nach dem Tod ins Paradies kommt, wird kein Dünger für den Baum der Erkenntnis, und steht in der Hölle ein Baum der Erkenntnis, von dem man essen muß?

Begabte sind glücklich, Glück haben nur Talentlose.

Laß dich lieber vom Edlen ohrfeigen als vom Schuft beschenken, rät der Edle.

Überzeugungen und Reichtümer sind oft Armutszeugnisse.

Mein Gedankengebäude besteht aus den Steinen, die mir vom Herzen fielen oder in den Weg gelegt wurden.

Quält dich schlechtes Gewissen, wenn du dein schlechtes Gewissen schon als Heldentat empfindest?

Nicht jede Lust verspricht Höllenqual, nicht jedes Leid Paradieswonne, und umgekehrt.

Wenn Bösewichter nur Kranke sein sollten, ist ein gesunder schon ein guter Mensch.

Im Medienzeitalter sind auch Zwerge Fernseher.

Wenn ein Glas Wasser sich selbst austrinkt... Das Oberstübchen kann sich einen Unterleib ausdenken, dieser aber nicht jenes erzeugen.

Die Gesellschaft lohnt, indem sie den Bedarf deckt, und straft, indem sie Bedürfnisse weckt.

Ich denke, also bin ich Denker; ich bin, also träum ich vom Denken.

Jeder lebt durch seinen Durst und stirbt an keinem Wissensdurst.

Nicht nur Irrtümer und Lügen, auch Wahrheiten verdecken Wahrheiten besser als Falschheiten.

Durch Herz und Bauch ist jeder mit dem All nicht blutsverwandter als durch sein Hirn.

Weisheit ist kein so großer Segen, wie Dummheit ein Fluch ist, und eine Frau zu haben, ist für den Mann nicht immer so schön, wie es schlimm ist, keine zu haben.

Braucht es ein längeres Leben, um ein geringeres Talent zu entfalten?

Aus wem man nicht ganz klug wird, der wirkt fast immer klug genug.

Dein Unglück, das du selbst vermehrst, wird kleiner,
dein Glück, das andere vermehren, wird größer.

Läßt sich Mutter Natur samt purer Intelligenz aus Quarks, Neutrinos und Gluonen zusammenbetteln?

Aufsteiger verbringen ihr Leben auf Treppen, Leitfiguren auf Leitern.

Eine Tat macht selten ihre Folgen zu ihrem Leitmotiv, doch manche Untat hat allein die Folge, sich ein edles Motiv zu geben, manche Wohltat die Folge, sich ein gewöhnliches Motiv geben zu lassen.

Ein Kopf ist groß durch das, was er bewußt nicht begreift, weil es ihn und seine Begriffe selbst umgreift. Er begreift sich als inbegriffen.

Wird eher die *Weltformel* für alles gefunden als auch nur ein einziges Weltdetail bis ins letzte Detail erschöpfend ausgedeutet sein?

Wer nach den Sternen greift, verbrennt sich nicht die Finger, sondern begreift nicht, daß er seine Vergangenheit plant, in der er noch nicht war, und einer Zukunft gedenkt, die er nicht mehr erlebt.

Siedepunkte der Greise : Gefrierpunkte der Jungen, oder umgekehrt?

Kann ein zweitgrößter Philosoph größer sein als der größte Ingenieur?

In der Schule des Lebens sehen Zöglinge den Herrgott als autoritären Prügelpauker und den Teufel als verständnisvollen Vertrauenslehrer.

Wissensdurst garantiert kein Wissen, aber Mangel daran ein Unwissen.

Als ich geboren wurde, sind Unzählige gestorben, und mein Todestag wird für Unzählige ihr Geburtstag sein, ohne dass sich das ausgleicht.

Wer kann sein wollen, was er als Kind nicht schon gewesen ist, aber wer kann anderes werden, als was seine Eltern nie gewesen sind?

Steig herab, richte dich auf, bis der Kopf im Himmel ist, nicht im Sand

Fördert die Künstler, damit sie euch belebende und bezaubernde Werke schenken, statt euch zu berauben und zu ermorden.

Künstler sind die einzigen Leute, die nach dem Tode unsterblich werden können, ohne schon vor ihrer Geburt gelebt zu haben.

Wohin du mich locken willst, dorthin musst du vor mir flüchten.

Mathematik ist die Kunst, Übergänge zwischen diskreten Größen zu übergehen und durch Gleichungen zu ersetzen.

Logischer Schluß: leichter Entschluß, sich am Schluß unter Protest von schlagenden Beweisen wohlweislich geschlagen zu geben.

Wer den freien Willen nicht im Hirn entdeckt, sollte ihn im Herzen suchen und nicht in der Hose finden.

Lüftet mal das Weltgeheimnis, warum es von keinem zu lüften ist.

Ein Mensch ist jenes Teilchen, welches das große Ganze, von dem es umschlossen wird, ganz enthält.

Das Ganze will jedes Teilchen zerdrücken, das zum Ganzen expandieren will. Wo beides sich trifft, hat jedes Ding seine Grenzlinie.

Wer entziffert eine Schrift, indem er alles Bezifferbare daraus entfernt?

Was uns jemand offenbaren will, versteckt er besonders weit von uns, und was er dir verbergen will, bindet er dir auf die Nase.

Wer Gott nicht lästert, hat kaum Laster.

In kerngesunden Körpern stecken oft Geisteskranke, in guttrainierten Festkörpern böse Poltergeister und in häßlichen Leibern Schöngeister.

Könnte ein Determinierter einen freien Willen überhaupt entdecken?

Triebe zwingen uns Menschen auf, die wir freiwillig nicht ansähen, und treiben uns Leute aus, die wir liebend gern kennenlernen würden.

Fürchtet die weite Welt den engen Durchgang durchs Denkerhirn?

Bald (er)finden Forscher sicher auch das Erziehungsgen und die Erbgutpädagogik.

Wäre Kant jemand wie du und ich gewesen, hätte er nichts zu sagen.

Ein erfolgloser Autor versteht sich gern als Nachweltkulturerbe.

Aus der Geschichte werden weniger Lehren als A15-Lehrstuhlinhaber gezogen.

Jeder ist ein Wesen, das die Wahrheit in subjektiv und objektiv trennt.

Ewig im Mutterleib ist es zu eintönig, draußen im Leben zu verwirrend

Begabungen sich nicht (aus)nehmen zu lassen, ist auch Gottesdienst.

Wie läßt sich kritisieren, daß die Kritik der Herrschaften zur Herrschaft ihrer Kritiker wird, ohne die Herrschaft über herrschende Kritikformen als Selbstbeherrschung zu verherrlichen?

Vom Unendlichen bleibt am Ende nicht einmal der leere Weltraum.

Fast jeder sieht den höchsten Wert in dem, was ihn wertlos macht, und scheint nicht das zu brauchen, ohne das er jeden Wert verliert.

In Demokratien ist es klüger, Laien fällen dumme als Experten kluge Entscheidungen.

Der gewöhnliche Mensch steht im Mittelpunkt des Desinteresses herum – nicht der außergewöhnliche Unmensch.

Deine Individualität : Privatsumme deiner Klüngelmitgliedschaften.

Popmusik ändert die Hörgewohnheiten der Bevölkerung, Philosophie nicht ihre Denkgewohnheiten. Diese hält dumm, jene macht taub.

Philosophen, die um ihre Existenzberechtigung fürchten, begreifen sich heute schon als IQ-Trainer, Hirnjogger und Demenztherapeuten.

Luftschloßgeist. Enthält ein Werk Wahrheiten, weil es mehrheitsfähig, obwohl es mehrheitsunfähig oder weil es mehrheitsunfähig ist?

Morgenland und Abendland kennen Natur- und Sittengesetze: das eine Land kennt nur Menschenrechte, das andere nur Gottesrechte.

Wenn Kant und Schiller auch nur mit Wasser gekocht haben, bleibt unklar, wie ihr scharfes Gericht und die geistige Nahrung zustande kam

Gefahren werden nicht besonders mutig und wirksam bekämpft, wo sie noch kaum welche sind, sondern wo sie kaum noch welche sind.

Wer eine Gefahr nur noch für sich selbst ist, versteht keinen, der nur für sich selbst keine Zumutung ist.

Eheleute : Kreuzungen zwischen ihren Großeltern und Enkelkindern.

Ich bin für mehr Denken und weniger Handeln, damit mehr Untätige und weniger Untäter ihre Denkmäler bekommen.

Ein Gelehrter handelt, indem er weiß, wovon seine Bücher handeln.

Aphorismen geben Lesern die Illusion, Wissenschaft und das eigene Denken längst hinter sich zu haben.

Man sagt *Recht & Freiheit* und meint, wenn man keine Babyprivilegien meint, die Erlaubnis, ungestraft die Zehn Gebote übertreten zu dürfen.

Heute wird ein Thema diskutiert, bis es unter den Teppich geredet ist.

Wer den Trieb hat, abtreiben zu lassen, begnügt sich nicht mit Selbstmord.

Moderne Architektur ist keine Körperbaukunst, sondern häßliche Kunst am hassenswerten Bau.

Wer Wege immer weiter zurückgeht, bis zum Urschleim, kann auch tolle Fortschritte machen.

Ein Hirnforscher ist kein Gehirnakrobat, wählt nicht zwischen Synapsen und freiem Willen, sondern zwischen Gehirnwäsche und -erweichung. Ihm will nicht in den Kopf, dass er nicht einmal Dummköpfe versteht. Kant erforschte wenigstens ein menschliches Hirn, das denken konnte.

Ich fördere dich gern, aber nicht über mich hinaus.

Wer für Religion wirksam werben möchte, sollte die Argumente der Aufklärer verbreiten, und wer seinen Schöpfer für Geschmackssache hält, muß wenigstens nicht mehr nachdenken.

Durch Tabus staute einer früher seine Kräfte – über sich hinaus.

Separatisten überlegen zu selten, ob sie vor der militärischen oder der kulturellen Überlegenheit einer Großmacht flüchten.

Ein halber oder schwacher Gedanke ist noch kein volles oder starkes Gefühl, Gefühlskälte noch keine zündende Idee.

Jeder hat das gleiche Recht, zur Nachweltkultur nichts beizutragen.

Wer kann Texte analysieren, die ihn selber analysieren?

Die Namen der schlechtesten Regisseure und Schauspieler sind oft doppelt so groß ausgedruckt wie der Name des größten Autors.

Deine Geburt dauert so lebenslang wie dein Sterben, sagt der Guru.

Egoismus ist unsere sozialste Ader und Narziß ziemlich neidfest.

Egoisten sind eher glücksunwürdig als unglückswürdig.

Laufen, Lieben, Lesen soll sehr gesund sein und fit halten, heißt es. Da läuft man lieber weg vor jedem Buch und Bett.

Wer den freien Willen leugnet, ist gezwungen, ihn zu leugnen, und könnte ihn gar nicht erkennen, falls es den gäbe und er ihn hätte.

Ob die Seele nun unsterblich ist oder nicht, keine Aufklärung hat je eine Religion überlebt.

Man malt seine Wunschbilder gern als Schreckbilder an die Wand.

Viele Literaturgeschichten machen ziemlich unverständlich, warum wir die dort behandelten Autoren lesen sollten.

Iß das Wort Kirsche, höre dieses „Wort" und sieh „mich" nicht an.

Die Linke kritisiert die Realität durch Utopien, die Rechte die Utopien durch Platos Ideen, und die Mitte die Ideen durch die Realität.

Mit jedem großen Werk gibt es für künftige Generationen eine große Möglichkeit weniger.

Der Aphorismus kommt bald zum Schluß, nicht der Aphorismenband.

Im Lebenswerk verfallen die Ideale den Idolen, im Kunstwerk die Idyllen den Ideologien.

Wer handelt, tauscht Opfer gegen Gewinn. Handel und Verhandeln ist die Arbeit der Faulpelze, Schuften die Handlung der Habenichtse.

Große Themen wollen nicht kleingeredet werden. Wählt geringe Dinge, damit eure Worte darüber größer wirken.

Seit einiger Zeit verfolgt mich der Gedanke, dass ich gar keinen eigenen habe. Ich denke wenigstens, diesen Verfolger jetzt abgeschüttelt zu haben.

Heute bin ich Luftikus, morgen Langweiler, heute ein Ritter, morgen ein Räuber, heute Lügenbold, morgen Wahrsager: Es gibt Seelenwanderung.

Nach welchen Gesetzen würde der Verfall aller Gesetzlichkeit verlaufen?

Die Aphorismen dieses Bandes verbindet nicht mehr als die Dinge dieser Welt – die Tatsache, welche zu sein und denselben Schöpfer zu haben.

Chauvinisten: Karrierefrauen, die ihre Kinder von Immigrantinnen erziehen lassen, doch ihre Brut gegen deren Brut durchsetzen.

Für den Idealisten Plato war das Sinnesobjekt kein subjektiver Begriff von ihm, sondern seine Idee ein objektiveres Sein als das Objekt selbst.

Bisher bestätigten nur Ausnahmen die Regel, dass gute Philosophen und Aphoristiker keine Monatsregel haben.

Der ganze Himmel *besteht* aus Quantenvakuum und Atomen, aber in jedem Atomkern, der aus Quarks und Gluonen *besteht*, ist die Hölle los.

Bitte, meine Damen und Herren, lassen Sie mal wieder von mir hören.

Gott schuf die Menschen. Hätte er gewollt, dass sie zu Eseln, Bienen oder Wölfen werden, hätte er keine Esel, Bienen und Wölfe geschaffen.

Gemeinschaft sanktioniert Gebote, Gesellschaft macht Angebote.

Seit dem *linguistic turn* finden Denker grammatisch richtige Sätze, für die sie dann einen philosophischen Sinn suchen.

Rede nur einfach drauflos, und es sprechen aus dir uralte Philosophen und Ideologen, die du gar nicht kennst.

Im Bett sind wir alle gleich, im Lieben wie im Sterben. Sobald wir aufstehen, erheben wir uns zu ungleicher Größe.

Mann und Frau von heute koalieren im Kampf gegen Menschen(kinder).

Sage mir deine Mittel und Wege und ich sage dir meine Zwecke und Ziele.

Als einziges Wesen glaubt der Mensch, er sei das einzige Wesen, das...

Unfreie reagieren auf Reize, Freie antworten auf An- und Zuruf gereizt.

Demokratischer Rechtsstaat und soziale Marktwirtschaft sind gute Ideen.

Großes Allerlei und Einerlei –
Kleingeld für Kurzschlußabhandlung

Asien war in wenigen Stunden erreicht, der Nachbar nicht in vielen Jahren.

Wir haben die Standfestigkeitsruhe der Pflanzen verloren und die Sprunggeschmeidigkeit der Tiere, doch dafür die treulose Trägheit und das sesshafte Gewusel von Elementarteilchen im Vakuum eingehandelt.

Kants *Ding an sich* ist das, was ein Objekt nicht für Naturwissenschaftler ist. Für Normalverbraucher sind das, was den Forschern an ihren Objekten erscheint, selber unerkennbare Dinge an sich.

Denk fix, dann tut sich nix. Hat jeder Mensch ein Hirn, hat die menschliche Gesellschaft noch lange keins.

Sie bewirkt, dass er werkelt: Schaffen Frauen Männer, die Werke schaffen, welche ihnen guttun oder schöntun, und wollen Mädchen noch geben, was sie selbst nicht haben, damit Jungen geben können, was sie einmal hatten?

Er wurde überhaupt nicht bemerkt. Da war ihm klar, das kommt von ihr, die ihn gar nicht ansah.

Kulturlosigkeitskultur: Hat Allgemeingültiges eine Endgültigkeitsdauer?

Laut Heidegger ist ein Mensch so wenig in der Welt wie die Welt im Menschen, sondern sein ganzes „In-der-Welt-Sein" ist ganz in ihm, aber das Weltsein-im-Menschen ist nicht wieder in der Welt und von dieser Welt.

Lebensangst will lieber nichts sein wollen als vernichtet werden können, aber wer sich vor dem Leben drückt, träumt auch von Krieg und Revolte.

Was gerade kommt, geht schief. Ehrliche Furcht vor seinen Geschöpfen flüchtet sich gern in Ehrfurcht vor dem Schöpfer.

Andenkenhandel. Wer denkt wirklich an das, was ihn andächtig macht?

Wer geht aus sich heraus, um sich in andere hineinzuversetzen, und geht in sich, ohne sie zu verlassen?

Der Weg zum Himmel ist mit guten Abgrundsätzen gepflastert.

Wer keinem traut, wirkt nicht vertrauter als der, dem keiner traut.

Rede ungewaschen drauflos und Philosophie aus Jahrhunderten, die du gar nicht kennst, spricht aus dir.

Wer immer gleich erlangt, was er noch nie verlangte, wirkt unzulänglicher, als wer lebenslang verlangt, was er nie erlangen wird.

Steht Gott vor den Dingen des Alls wie ein Ich vor sich und seinen Inhalten – sie sind ganz in ihm, aber von ihm und voneinander ganz getrennt?

Menschen spinnen gern – sich und andere ein.

Dickes Fell ist Erbe einer Gänsehaut und Vorläufer eines festen Panzers.

Auf Erden existiert weniger unsichtbarer Geist als im Kosmos sichtbare Materie, und beides zerstreut sich mit wachsender Eile.

Wer den Himmel auf Erden sucht, findet Unterirdisches ganz himmlisch.

Kluge schaffen in zehn Jahren, was Dumme in einem Jahrhundert ja auch schaffen würden, doch Junge hindert der Schlendrian, Alte die Demenz.

In der verkehrten Richtung meidet man oft das Richtigere, in der richtigen Richtung nicht das Falschere.

Ist Erkenntnis Strafe, Lohn oder Entschädigung fürs Nichtmitmachen?

Moral : Beurteile dich so hart wie mich und mich so zart wie dich.

Vorsicht, Vorsehung! Die Ewigkeit entscheidet über das kurze Leben nicht weniger als dieses über jene.

Heimweh habe ich schon, wenn ich noch in der Heimat bin, in der Fremde dann nicht mehr.

Geist hat nicht, wer objektiver ist, sondern zwischen sich und seinen Egoismus noch beliebig viele zeitraubende Objekte geduldig einschieben kann.

Bescherung. Beurteilt Gott uns am Ende danach, wie wir seine Gaben angenommen, übersehen oder als Gifte zurückgewiesen haben?

Wo viele Ausdrücke jeden Eindruck schwächen, hindern uns viele Eindrücke am Ausdruck.

Aufsteiger wollen reinere Luft atmen und müssen dünnere Luft holen.

Jede Geburt ein Urknallchen: Auf Erden gibt es schon sieben Milliarden Paralleluniversen.

Lieben heißt sich begeistern für den, der unsere Lieblingsideen widerlegen und unsere lustvollsten Gewohnheiten durchkreuzen soll.

Wer in die Hölle kommt, muß nur ewig seine selbstgemachte Wunschwelt bewohnen; wer in den Himmel kommt, wird damit erfreut, dass er keinen seiner Herzenswünsche erfüllt bekommt.

Metastasiert im Kunstwerk das Krebswachstum innerer Gefängniszellen?

Wer das Leben nicht nur platonisch lieben will, nimmt mittendrin an platonischen Ideen Maß, um dann Mittelmaß abzugeben.

Aphoristik : Pluralismus von Meinungen, die (sich) nichts zu sagen haben.

Man versetzt sich in andere, wie man sich an Vergangenes erinnert: Real kann man nicht vor und nicht zurück.

Atomphysik : Versuch, den Heuhaufen in der Stecknadel zu suchen.

Gute Gegner nützen so viel wie Gesinnungsgenossen schaden.

Soweit dein Werk nur deine Leistung ist, überrascht es dich nie und überwältigt keinen, doch ohne deine Kraft ist es nicht mehr als deine Kraft.

Was du für andere opferst, wird ein durchschaubarer Gegenstand; was du von anderen verschlingst, verschwindet unsichtbar in dir.

Einige untersuchen, was sie mal waren, wie tote Objekte. Andere erleben tote Dinge wie ihre lebendigste Vergangenheit.

Nannte Kant seine zufällige Neigung, der Pflicht alle Neigungen zu opfern, notwendige Pflichterfüllung?

Im Jenseits wird jeder jener, den er im Leben am wenigsten verstanden hat.

Wer die Welt nicht versteht, macht sich seine eigene, und wer aus dem Leben nicht klug wird, begnügt sich mit dem Da(bei)sein.

Sterben wir, wenn wir nichts mehr tun, was wert ist zu überleben?

Wer noch im Alter lernt und sich dressiert, will für den Tod fit bleiben.

Sein Gedankengebäude baut der Philosoph auf Sand, den er ins Getriebe der Triebe wirft und in den er dann seinen Kopf steckt.

Wer viele Orte erreicht, hat noch kein einziges Ziel erreicht.

Wer sich seiner selbst bewußt ist, muß sich seines Selbstbewußtseins selbst bewußt sein, als wäre es das eines anderen.

Was du gewinnst, das blendet dich; was du verlierst, das erst siehst du.

Wenn alle Leute egoistische Gemeinheiten begehen, kann man sich von der Allgemeinheit nur absetzen durch ungemeine Selbstlosigkeit.

Schieß nie selbst, sei ein Ball des Schicksals, es wirft dich ins Himmelstor.

Der bekehrte Kannibale hat sich zum Fressen gern, anderes nimmt er nicht mehr in den Mund.

Psychologen sind sehr kreativ darin, Leute nicht zu verstehen, die sich in Meisterwerken und nicht nur in Kleisterworten ausdrücken können.

Wer schwach zurückbleibt, schwimmt noch nicht gegen den Strom.

Endungültiger Mauerschauer. Wer frei entscheiden kann, dessen Tat folgt ihren Folgen und geht ihren Motiven voraus.

Am besten schrieb er stets gegen einen, den er damit ehren wollte.

Geh der Welt nie grundlos auf den Grund. Was ist leichter zu verlieren, der Verstand oder die Übersicht, das Leben oder das Gedächtnis?

Daß 1+1=2 sein soll, habe ich nie wirklich verstanden. Ich würde es auch nicht besser verstehen, wenn es widerlegt würde. Ich wundere mich über dieses Wunder und bewundere es mehr als Quantentheorien.

Fixe Ideen bewegen sich fixer durch die Welt als Fixsterne.

Man handelt so gern in der körperlichen Welt, weil man den eigenen Körper nicht ändern und behandeln kann.

Das Leben ist viel zu kurz, um es mit Pop und PC, Sex und Sport, Reisen und Basteln zu verspielen.

Ein PC kommt immer noch so teuer wie ein TV-Gerät: Sie kosten gewöhnlich ein paar Euro und den Kopf.

Auch Immobilien und Leichen bewegen sich mit kosmischer Geschwindigkeit durch die Welt.

Weltweit wird inzwischen soviel gedruckt und veröffentlicht, dass in den vielen Schrottbergen die wenigen Goldkörner perfekt versteckt sind.

Demokratische Mehrheiten sind gut und weise, weil es mehr schlechte als gute und mehr dumme als kluge Menschen gibt.

Werke sind klassisch, wenn selbst ihre Fehlinterpretationen berühmt sind.

Lieber Herr Schmidt, erschöpfen Sie zu Lebzeiten möglichst alles, was sich in der Welt nicht anders als auf Schmidtsche Weise tun lässt.

Das Tier, zu dem der Mensch sich machen kann, ist ein anderes als das von Gott erschaffene.

Ich glaube, wenn die Welt wirklich so wäre, wie ich glaube, würde es nicht nur mich selber gar nicht geben.

Ließe der Schöpfer sich eher daraus erschließen, dass alles sich ständig ändert oder nach stetigen Gesetzen abläuft?

Teuflisch ist nicht der Unterleib, sondern dass er das Oberstübchen besetzt; göttlich ist nicht die Spiritualität, sondern wo sie die Bestialität verwirrt.

Wer sein Leben genießt, erklärt das Universum zu seinem Leibgericht.

Nur zwischen Gleichberechtigten wird der *kleine Unterschied* groß genug, ihn liebevoll zu überwinden. Wer ihn haßt und fürchtet, macht ihn größer.

Leben heißt auch, aus seinen Fluchtburgen zu fliehen, von Sehnsuchtszielen aufzubrechen und Auswege aus allen Auswegen zu finden.

Wer nur seinen Verstand verloren hat, ist noch nicht so verrückt wie einer, der nur seinen Verstand noch nicht verloren hat.

Die Kirche beschränkte die Inquisition auf ganz bestimmte Menschen, die Naturwissenschaft weitete sie auf alle Leute aus.

Wer etwas will, verzichtet auf viel mehr Dinge, als er für sich auswählt.

Ein Egoist ist selten egoistisch genug, dass er sich selbst die himmlische Freude macht, andere durch Geschenke zu erfreuen.

Sage mir, was du über das All denkst, und ich sage dir, ob du schon mal etwas anderes berührt hast als den eigenen Arm.

Sprengt den versteinerten Geist, doch rührt das versteinerte Herz!

Wer die Dinge ausnahmsweise auch einmal von einer anderen Seite sehen will, muß ihnen bloß ins Gesicht sehen.

Illusionslose Leute sind Irre, nur Spinner bleiben klar im Kopf, und Pragmatiker denken gewöhnlich viel verrückter als Philosophen handeln.

Im Irrenhaus sitzen nicht jene, die in ihrer Selbstentfaltung behindert wurden, sondern alle, die sich vollkommen selbstverwirklicht haben.

Das waren noch Zeiten, als man Sklaven befreien konnte, indem man Sklavenhaltern Höllenangst machte.

Will ein jeder Willensfreiheit haben und ist sein Freiheitswille selber frei?

Unterlegene Überlegungen : Vorwitz & Wahnwitz

Wer an Übernatürliches glaubt, geht am schnellsten zurück zur Natur, und am sinnlichsten wirkt, wer übersinnliche Kraft zu eigenen Ideen hat.

Das Mittelalter nahm den Galilei noch nicht als Menschheitsbeglücker und das Atomzeitalter seinen Einstein nicht mehr als Unterhaltungskünstler.

Prostitution wurde angesehener als Keuschheit. Adam und Eva *erkannten* einander: Erkenne deinen Nächsten wie dich selbst – also niemals.

Institutionen muß es geben für jene, die nicht freiwillig täten, von dem sie zugeben, dass es getan werden muß.

Früher nahm man eine Philosophie so ernst, dass man ihre Anhänger gern tötete. Heute nimmt man ihre Philosophie so wenig ernst, dass man sie eher totschweigt. Nun haben Weltanschauungen keine Wichtigkeit und Richtigkeit mehr, bei der man endlich stehen bleiben kann, sondern sind nur noch Richtungen, in die man endlos weiterrennen soll.

Der Mensch hat Geist, soweit er Heidenspaß haben kann an etwas anderem als seinen Spaß.

Mein Kopf vermutet oft mehr, als mein Mut sich zumutet, aber auch mein Gemüt sagt oft mehr, als mein Gedanke einsieht.

Sire, geben Sie Gedankenfreiheit, bis jeder ganz frei von Gedanken ist, und unterstellen Sie uns Willensfreiheit, bis jeder ganz willenlos wird.

Seinen Körper fit zu halten, macht geisteskrank, und ein kranker Körper wohnt in einem gesunden Menschenverstand, dem nichts ein Welträtsel ist.

Bin ich nicht so gut wie ihr, dann sind andere auch nicht besser als ich.

Der Arme bekommt vieles, was er nicht wünscht, damit man ihm das Wenige nicht geben muß, was er braucht, um nur noch für sich zu arbeiten.

Die bizarrsten Romane und Philosophien von Genies sind uns vertrauter und verständlicher als die einfachsten Naturgesetze des Schöpfers.

Das Volk will keine schlechte, die Elite auch keine gute Reg(ul)ierung.

Wenn es eine *Diktatur des Prekariats* gäbe, wäre sie eine Monarchie von Neureichen. Der mündige Staatsbürger fragt nicht, was er mit Ausgebeuteten tun soll, sondern was die Ausgebeuteten mit ihm tun werden.

Die Mutigen wählen den kleinen Mann auf ihrer Straße, die Kleinmütigen den großen Mann auf ihrem Nacken.

Ein Politiker, der die Mehrheit verdient, sollte nicht so reich sein, dass er unkäuflich wird wie ein Heiliger, sondern so unbestechlich sein, dass er arm bleibt wie seine Wähler.

Die sorglose Jugend verzweifelt schwermütig, das grämliche Alter tröstet sich hoffnungsfroh leichtsinnig.

Eltern müssen die Erfahrung machen, dass ihr Sprößling seine eigenen Erfahrungen machen muß, aber an Abgründen lässt sich leider nicht üben.

Mein Kind ist unschuldiger als ich, aber ich mache mich schuldig, wenn ich es nicht erziehe, damit es einst so schuldig werden kann wie ich.

Wer einen neuen Versuch machen will, kann einen neuen Essay schreiben, und wer keinen Versuch machen will, kann ein Experiment machen.

Hat schon jemand untersucht, wieweit alle demokratischen Medien plutokratische Sprachrohre geistiger Armutszeugnisse sind?

Die Mode von morgen war schon gestern veraltet, die Tradition von vorgestern aber unserer Zeit stets voraus bis übermorgen.

Wer zuwenig denkt, tut das selten, weil er zuviel liest – und umgekehrt.

Nietzsche pries die Sinnenlust, indem er seine Leser verletzte. Plato tröstete seine Hörer, indem er die Geistesfreuden rühmte.

Für Gott, falls es ihn gibt, gäbe es unabzählbar *(unendlich)* viele Möglichkeiten, auf seine Schöpfung beliebig einzuwirken, ohne dass wir bei unserer Suche nach natürlichen Ursachen etwas von Ihm merken müssten.

Wer nicht weltfremd ist, ist meist kosmosfremd.

Horaz empfahl, vor dem Druck ein Buch neun Jahre liegen zu lassen, und wird noch heute gelesen. Ein Journalist hat keine Zeit, seiner Zeit auch nur neun Jahre voraus zu sein, er hat nur neun Stunden Zeit bis zum Druck, und sein Artikel ist nach neun Tagen schon Altpapier. Wenn ein geistiges Kind wenigstens neun Monate lang im Kopf reifte!

Der Mensch ist kein *animal rationale*, er soll es werden, indem sein Intellekt zum Instinkt wird und sein Affekt zur Intuition.

Entweder ist schon der Affe so mitfühlend gut wie ein Mensch oder der Mensch noch so getrieben unfrei wie ein Affe.

Was die großen Naturtalente in die Welt setzen, ist oft so außermenschlich bizarr wie das, was moderne Physiker über die Natur zu wissen glauben.

Gott ist kein Urklempner, weil die Welt aus Superstring-Röhrchen und der Mensch aus Röhrensystemen für Blut und Wasser besteht.

Man erfindet gern, daß es etwas gibt, was man gar nicht erfinden kann, sondern schon vorfinden muß, oder findet, dass man alles erfinden muß.

Leider können mehr gemeinere Menschen mehr als ich und mehr bessere Menschen weniger als ich.

Wer die Herrschaft von Menschen übereinander gut beherrschen soll, kann kein Mensch sein oder auch nur menschlich.

Wer an Gott glaubt, glaubt an gar nichts sonst. Wer an Gott nicht glaubt, glaubt leicht an alles sonst.

Sozialistische Brüderlichkeit entwickelte sich oft am besten als KZ-Häftlingsgemeinschaft.

Das Intimste verbirgt man, weil man so Unpersönliches mit so vielen teilt, und das Individuellste veröffentlicht man, weil man so Allgemeingültiges mit so wenigen teilt.

Ein besserer Mensch hat ein schlechtes Gewissen, sobald er ein gutes hat.

Die meisten Menschen sind eher beeindruckt von ihrer Ähnlichkeit mit den Menschenaffen. Außer jenen Menschen, die besser als die Affen schreiben, malen oder komponieren können.

Ein Mensch ist arm, weil er alles verlieren kann, was er niemals hat, und ist reich, weil er nichts gewinnen kann, was er nicht schon hat.

Kurz und gut und schön. Verbrecher erniedrigen sich durch ihre Lust, Rechtschaffene erhöhen sich durch ihr Leid.

Gnadenbrotberuf. Wahre Güte ist eine so übernatürliche Hypothese, dass sie sich in nichts so gut offenbart wie in melodramatischer Sentimentalität.

Bad in bed. Der eine will fremden Willen brechen, um zu leben, der andere lebt, damit ihm andere zu Willen sind.

Aphorismen bringen ganze Gedankenstriche, Erdkugeln, Schlachtfelder und Gesichtskreise auf den Punkt, der eher Doppel- als Mittelpunkt ist.

Wer wirkt verantwortungsvoller als ein Unternehmer und eigennütziger als ein Christ?

Quertreiber, die Opfer von Quertrieben. Eine Frau mißtraut heute ihrem Mann mehr als der ganzen Industriegesellschaft.

Die Sonne bringt es an den Tag und verdeckt dadurch das Licht der Sterne, die erst nach ihrem Untergang sichtbar werden.

Stalin übernahm gewissenlos die Macht, indem er die Ohnmacht der Wissenden ergriff.

Was in der Luft liegt, fliegt in die Luft. Wer bringt seinen Opfern Opfer, und müssen Opfer mehr gewinnen als Täter verlieren?

Sozialismus und anderes... Wenn alle dagegen sind, muß etwas daran sein, und wenn alle dafür sind, spricht zuviel dagegen.

Dichterische Freiheit ist zu unterstellen, damit die Zensur keine unzurechnungsfähigen Autoren verurteilt

Wer zum Mond fährt statt zur Hölle, erfährt nicht mehr von sich.

Wer immer flüssig ist, wird nie überflüssig und liquidiert, doch wer ans und ins *Netz* geht, nie Menschenfischer.

Tiere gelten als unterlegen, weil sie nichts von Goethe wissen (wollen).

Adorno widersprach sich und allem in der logischen Nullklasse *nicht-identischer* Dinge, die (noch) nicht existieren.

Cogito ergo ero (fui). Emotion rät zu Verstand und Vernunft zu Gefühl.

Wenige kriegen so zuviel wie viele zuwenig. Oberschicht – Vernunftehe – Kopf. Mittelstand – Liebesheirat – Herz. Niederes Volk – niederer Trieb – Bauch (Unterschicht – Unterbewusstsein – Unterhose).

Christliche Ehescheidung ist schon der Ehebruch, der sie rechtfertigen soll.

Zeitgenossen hoffen, dass sie nach dem Tod kein ewiger Vater erwartet.

Wird Christus durch Christen weiter leben, weil sie ihn immer predigen, oder wird er weiter verkündigt, weil er durch Gott ewig lebt?

Für halbe Christen ist Jesus *auferweckt* von den Toten, aber nie selbst *auferstanden* zu aufrechtem Gang.

Gesetzestreue läßt sich befehlen, Nächstenliebe nicht mal empfehlen.

Man kommt zu Fall, kommt Zufall. Was in der Geschichte nie geschah, geschah durch Gott.

Einst ward Gott der Herr geliebt als himmlischer Vater, nun wird der eigene Vater gehasst als häuslicher Herrgott.

Ok. or k.o. Mit Gold kann man Sozialstaat machen, doch das richtig ungerechte große Geld hält sich seinen Rechtsstaat.

Wer nur von sich redet, redet schon falsch Zeugnis wider seinen Nächsten.

Optimist heißt, wen lockt, was andere schreckt.

Kunst ist Kultur gegen sich selbst: Eigene Ideen verkauft der Autor für Geld oder für fremde Ideen in seinem Namen.

Rank und schlank tut sich dicke, doch des kleinen Mannes große Taten sind kein Großtun.

Skeptiker wurden zweifelhafte Subjekte: Schenkt Gott nicht mit Werken der Tat, was ihr ohne Werke des Geistes ihm raubt.

Aktivisten bremsen Techniker, die die Welt verändern, und die Art, wie sie sich ändert, wird nie geändert.

Schufte täglich 1h für mich in Betrieben, um 7 h für dich in Bibliotheken (statt an Biertheken) zu sitzen.

Ge(ring)fügig oder e(ga)litär. Regeln sind Ausnahmen allgemeinerer Prinzipien, Ausnahmen sind Regeln für ihre Bestandteile.

Wer Atom sagt, baut auch Bomben, wer Gen(i)e sagt, züchtet Menschen.

Klappt Kommunismus in einer Welt von lauter Lenins und Maos?

Wer sich nicht ausweisen kann, wird ausgewiesen oder ist *in*.

Mönch vs. Monarch. Die lateinische Kirche schuf Europa, der EURO erst die deutsche Übermacht, die er brechen wollte.

Mach dich nützlich gegens Nützlichkeitsdenken: Liegt der Sinn des Daseins darin, ihm nicht nachzusinnen?

Beliebte Kunst ist beliebig : Kunst beginnt, wo Lust und Liebe enden.

Hast du Angst, behalte sie – für dich. Sie gehört (zu) dir.

Sag nicht, was du fühlst. Sag mir was, dann fühlst du was.

Der Solipsist beweist gern, dass es keinen gibt.

Hört man Gütige, sieht man Blutige? Pluralismus schimpft sich Pop(ulismus) und Demokratie Ochlokratie.

Gott ist oft so laut oder leise, dass man sein (eigenes) Wort nicht hört.

Shakespeare ist tot, es lebe *Hamlet*. *Bovary* ist tot, es lebe Flauberts Brief.

Vergib uns unsere Schulden : Kredit hat *theologische Mucken* des Credo.

Sozialismus wird gebraucht, um das Kapital zu stärken: Kehrt er jemals wieder, dann unter kapitalistischer Maske.

Wer nicht stündlich in den Spiegel schaut, dient noch keiner Sache.

Kutschen verschwanden nicht, weil Pferde ausstarben, sondern seit es PS gab.

Wieviel Vielfalt ist schon Anarchie, wieviel Einheit Despotie – in Demokratien?

Ist eine Welt, wo man einzig die Wahrheit sagen darf, das einzig Wahre?

Nichtssagendes Gerede ist noch kein beredtes Schweigen, Falschaussage noch kein wahrer Vers, doch Wahrheit über etwas anderes.

Vom Baum sagt das Blatt nicht mehr als der Wald.

Leben erzählen heißt Gelder herzählen. Das Meer befreit vom Tropfen mehr als die *Welt im Wassertropfen* vom *Meer der Tränen*.

Wir finden es nicht gut, wenn die Guten und Bösen sich gut finden.

Kant stellte kein *Ding an sich* fest, doch Mutter Natur bloß, und für kein junges Ding bist du der Mensch an sich.

Erst hieß der Computer *Elektronengehirn*, nun hat das Hirn Schaltkreise.

Es schadet der Gesundheit, etwas nur für die Gesundheit zu tun, und ein Herzloser tut wenig für sein Herz.

Man hat alles verfressen, bevor noch jene geboren sind, die es erarbeiten.

Urknall heißt : (Das) Nichts ist schneller als das Licht.

Metaphorismen korrigieren philosophical correctness

„Der Wandertrieb und die Bewunderung alles Fernen und Fremden ist nicht der bessere Teil in uns." „Die Menschheit fängt nicht beim Baron an, sondern, nach unten zu, beim 4. Stand: die 3 andern können sich begraben lassen." „Volk ist alles, Gesellschaft ist nichts." *(Theodor Fontane: Briefe, 1895)*

Proletarier, *Prolls,* Prekariat, Plebs, Paupers, Unterschicht, Masse, Knoten, Leibeigene, Arbeitskräfte, Arbeitssklaven, Arbeitnehmer, Drecksarbeiter, Malocher, Lohnknechte, niederes (gemeines) Volk, Werktätige, Fabrik(l)er, Blaumänner, Fließbändler, (Hand-)Arbeiterklasse, Lohnempfänger, Tagelöhner, Kulis, Arbeitstiere, Arbeitspferde, Hörige, Gesinde(l), Bedienstete, Domestiken, dienstbare Geister, (Haus-, Leib-, Kammer-)Diener, Lakaien, Butler, Dienstboten, Hiwis, Besorger, Untertanen, Untergebene, Hausburschen, Faktotum, (Dienst-, Stuben-, Haus-) Mädchen für alles, Stallmagd, Haustochter, Perle, Minna, Reinigungskraft, Aufwärterin ...
(Monopol-)Kapitalist, Imperialist, Börsenkönig, Plutokrat, Krösus, Tycoon, Besitz- und Bildungsbürger, Ausbeuter, Unternehmer, Unterdrücker, Oberschicht, Mittelstand, Oberklasse, Geldmann, Kaufmann, Pfeffersack, Vorsitzender, Vorgesetzter, Geschäftemacher, Blutsauger, Leuteschinder, Profiteur, Wucherer, Industrieller, Klassenfeind, Fabrikant, Fabrikherr, Schlotbaron, Arbeitgeber, Bourgeois, Brötchengeber, Sklavenhalter, Oberhaupt, Gebieter, Regent, Machthaber, Gewaltherrscher, Potentat, Landesvater ...

Gesellschaft ist eine unbeherrschbare Komplikation der Einsamkeit.

Formal ist normal, ohne Hülle keine Fülle: Enthüllung statt Erfüllung.

Macht letztlich Lust oder Leid Urteile wahr oder falsch (wirken)?

Ebenbild Gottes, dein Bild verfehlt die Welt und die Welt ihr Urbild.

Werte werden durch Bewerten, Auswerten und Verwerten preiswert entwertet.

Erst nach dem Tod wirst du zu den Dingen gehören, die dir jetzt gehören.

Hinterm Vorhang – nur Vorhänge. Für alle Geister hat dein Leib, für alle Körper dein Geist rechte Orte und Worte.

Ich kann mein Wort von der Welt unterscheiden, sie nicht.

Die Unlust, etwas zu tun, gleicht der Freude an getaner Arbeit.

Denk nicht nach, lass denken bei deinem Hirn. Im CT kommt es ins Schwimmen gegen den Strom deines Bewusstseins.

Der lange Weg von Wort zu Wert und Welt besteht aus vielen kleinen Urteilchen. Jedes ist so kurz wie der Prozeß, den er ihm macht.

Manche glauben, Christus sei eine Kreuz(ig)ung von Gott und Mensch.

Hat ein Wort mehr als den Wert, für den es das Wort ist? Ein Wort hat den Wert, den es nicht verleiht, und verleiht den Wert, den es nie hat.

Adam und Eva bedauern bis heute keinen Fehler.

Was es gibt, ergibt Sinn: Man vergibt die oder den Menschen und übergibt sich – Unternehmern.

Literatur ist eine Welt, in der Namen ihre Dinge tragen.

Fußnote: Verstand Whitehead einen Plato, der ihn nie verstanden hätte? Die platte Halbwelt hinterging die *Hinterwelt*.

Daß es Ausnahmen gibt, ist keine und nicht die Regel, dass es Regeln gibt.

Tatsache ist, dass die Sache selbst nichts tut. Meine Bedeutung legt in dir, deine in ihr.

Meine Begriffe von Dingen kopieren deine Griffe nach diesen Dingen.

Ist Stifters „Nachsommer" kriegsmüde oder fauler Friede, ersetzt oder verdrängt das „sanfte Gesetz" ein blankes Entsetzen?

Wo alle was sind, ist ein Nichts der einzige Individualist.

Weltkulturerbe: Bergwerksstollen und Bewegungsprofile, Fließbänder und Folterkeller, Atomkraft und Untatkraft, Sklavenplantagen oder Glasbürger.

Was uns Träume bringt, aus denen es uns reißt, ist Kunst.

Such das Wort, das die Welt sucht, die ihr Wort sucht. Ihr Begriff erfasst nur eine Welt, die ihn nie praktiziert.

Ein Begriff von Elend, der nicht elend macht, ist falsch.

Ein Schmetterlingsflügel könnte das All zerschmettern, bevor oder nachdem er vom All zerschmettert wäre.

Mein Leib enthält mehr als den Kopf, mein Kopf mehr als den Leib.

Ängste erfüllen sich im Himmel, Wünsche in der Hölle.

Hintertreffen. Die Sp-rache, Rache an der Sache, trifft die UrSache, die sie übertrifft, und betrifft den Sinn der Sache, der eher zutrifft als eintrifft.

Mein Ich ist das, was weiß, dass das Ohr nicht weiß, was das Auge weiß.

Geh allen aus den Augen, und du siehst sie: Geh deinen (d.h. allem aus dem) Weg – und weg vom Ziel.

Du liebst soviel, wie du dir untreu wirst.

Höre die Stimmen des Gewissens und lass dich geisteskrank schreiben.

Ihre Gesetze gehorchen der Natur, und dass wir die Natur mehr als den aufrechten Stuhlgang beherrschen, ist ihr Sieg.

Manche Worte haben soviel Gewicht, dass ihr Autor leichtfüßig bleibt.

Zeugt die Liebe ein Kind, das Liebe erzeugt? Meine Augen lesen in deinen Augen, ob du in meinen lesen kannst.

Das Diesseits, nicht das Jenseits, ist ganz anders, als man glaubt.

Naturforscher glauben nun, dass die Atome, aus denen wir bestehen, aus ebenso viel Nichts bestehen wie entstehen.

Die Gedanken sind frei – bis der Autor sie festhält.

Es ist viel sicherer, dass einer stirbt, als dass er geboren wird oder je wirklich gelebt hat.

Rechne nie mit deiner und meiner Unberechenbarkeit!

Schließt nicht von schwerer Geburt auf einen leichten Tod oder von böser Zukunft auf glückliche Kindheit.

Realitätsverlust ist noch kein Idealitätsgewinn. Und ist idealloser realer?

Eine Kartoffel mit Fernweh muß auf den Bauern warten.

Wir wollen ständig wissen, *woraus* das Beständige besteht, nicht *worauf*.

Oft läuft mir beim Fraß wieder das Wasser im Mund auseinander.

Jeder lebt mit Absicht zu Ansehen und Ansichten und wird doch geboren mit Aussicht auf Übersicht und Einsicht.

Liebe deine Feinde – nicht nur in ihrem Unglück.

Worte geben Widerworte, auf Satz folgt Gegensatz, auf Sinn Widersinn, auf Gewalt Gegengewalt. Nuancen brauchen etwas länger.

Liebe gehört zu unserem passiven Wertschatz.

Bezieh das Bett *mit* Laken und *auf* Schlafen. Wer denken kann, fügt wirre Begriffe zu klaren Sätzen und zieht klare Schlüsse aus irren Urteilen.

Naturschutz schützt auch vor Kultur oder Kultur vor.

Was auf der Hand liegt, geht nicht leicht von der Hand, und wer das Herz auf der Zunge trägt, hört : Halt die Herzklappe!

Das All ist der Weg vom Higgs-Teilchen zur Masse der Übergewichtigen.

Roboter und Computer haben bis jetzt so wenige Gedanken und Gefühle wie ihre Erfinder und Benutzer.

Alle leben nun brav in der Anderthalbwelt des Grünlichtmilieus.

Fortschritt auf einem Bein spielt Hauptrollen auf Hamsterrädern, und Extra-Ordinäre investieren mehr in Extrastrukturen.

Jeder ist autosexuell und fährt ein Heteromobil.

Man stürzt ins Getümmel und sich ins Elend: Tu nix gegen Erderwärmung, warte auf die nächste Eiszeit oder den Wärmetod des Alls.

Ohne Denken fehlen auch Denkfehler: Wer falsch denkt, denkt wenigstens

Die uns verstehen, missverstehen wir: Wer den Willen der Mehrheit respektiert, doch weder teilt noch tut, ist noch nicht Elite.

Tische und Stühle sind mit Beinen, die sie spreizen, oft auf dem Holzweg.

Fühlst du dich vor Babies oder Greisen gleich viel jünger oder älter?

Das Alter hat der Jugend tröstlich voraus, dass es nicht zu ändern ist.

Es gibt schon Erfahrpläne und -scheine, Erfahrzeuge und -stühle.

Den weitesten Horizont hat immer noch die innere Leere.

Die Himmelsleiter zum Himmelsleiter hat nicht unendlich viele Sprossen.

Die Welt steht dir nicht so weit offen wie dein Mund davor.

Welcher Redefluß mündet ins Meer der Tränen statt des Vergessens?

Werke verwässern Werte, und innere Werte veräußern sich preiswert.

Wer schenkt dir ein Lächeln und seine Zuneigung, wenn er beides noch braucht?

Alles Neue besiegt Karikaturen des Alten und wird von Karikaturisten bekämpft.

Um Leute zu lieben, braucht es weder Egoismus noch Selbstverleugnung. Sieht nur Eigenliebe überall nur Eigenliebe? Liebe dich selbst – nur als selbstlosen Geliebten.

Über Goethe lernen wir mehr als von ihm, von Grass mehr als über ihn.

Ein philosophischer Begriff schöpft aus dem Wollen, wenn er aus der Luft ins Leere greift, und übernimmt sich, wenn er sich nicht übernimmt.

Ziel aufs Herz und triff aufs Haupt, ziel aufs Haupt und triff den Bauch.

Rechtsgemeinschaften können Werte schaffen, aber *Wertegemeinschaften* Menschenrechte entwerten. Polizei, nicht Politesse, erzwingt freie Politik.

Wer gut sein will, will zu Gott, und wem gut sein soll, zum Tier.

Liebt Gott, wer glücklich werden will, oder ist glücklich, wer Ihn lieben kann? Lieber mich zu Tode erschrecken als dich zu Tode langweilen?

Du siehst mich – dich sehen – und erkennst nichts – als dich (v)erkannt.

Die Würde des Alls war unantastbar.

Freiheit begnügt sich mit Wasser und Brot oder mit Mord.

Mach dir ein Bild vom Jenseits deiner Bilder: Kants Un*ding an sich* ist das junge Naturding, das einen Erkennenden oder Bekennenden erkennt.

Sei so gut, nicht so gut zu sein.

Daß Gott mehr ist als Einbildung, ist Einbildung? Du glaubst weniger zu sagen, als du sagen willst, und sagst viel mehr.

Als Eva den Apfel nahm, träumte sie vom Paradies.

In angulo cum libello. Der Mensch, das Wesen, das Objekt seiner Objekte wird, macht auch, was nicht menschgemacht ist.

Reuige Sünder kommen ins Paradies, zerknirschte Looser ins Elend.

Ist die Meinung, Wahrheit sei Anpassung der Meinung an die Welt, an die Welt weit genug angepasst, um überleben zu können im Existenzkampf der Meinungen?

Einst kriegten Liebende sich nie, nun kriegen sie sich immer satt.

Technik, die dir die Welt ausliefert, liefert dich der Welt aus. Wer Schreibfehler verbessert, korrigiert sie, wer die Welt verbessert, die *correctness*.

Der Häftling will frei sein, der Freie glücklich, der Glückliche gefesselt.

Bis dass der Tod euch scheidet, wisst ihr nie, ob ihr euch je geliebt.

Alle Menschen sind gleich – außer den guten.

Werde Herdentier, verwirkliche dich selbst!

Bleibt uns gesund und billig, aber man darf tauchen, doch nicht rauchen.

Dichter haben neue Worte für alte Dinge, Denker uralte Worte für neueste Dinge.

Wer lieber Lust für Geld als Geld für Lust opfert, ist noch kein Kapitalist.

Der Liberale wird milder, wenn der Gegner ihm hart entgegnet, der Rechte oder Linke wird wilder, wenn der Gegner ihm entgegenkommt.

Der Sinn des Lebens ist, entweder Unfälle oder Unmenschen zu überleben.

Hochkultur und Hightech wollen Nachfrage produzieren, nicht für Nachfrage.

Leibeswohl & Körperkult : Von eingekerkerter Seele zum leeren Schloß.

Massenmord erhält stets den tieferen Sinn, seine Wiederholung mit *allen* Mitteln zu verhindern.

Willst du wirklich nicht mehr finden, erfahren und verwirklichen als dich selbst? Sei ganz du selbst : Äff dich nach.

Objektiv siehst du nur Unnützes, und dir dient nur Verkanntes.

Ist Freiheit der Fall beim freien Fall? Hörbarkeit ist stumm und Vernichtbarkeit unzerstörbar.

Schwarmdebile Wimmelbilder

„Eine Idee darf nicht liberal sein!" *(J. W. Goethe)*
„Nur wer sich extrem isoliert, bleibt produktiv ." *(Gottfried Benn)*
„Die Effektivität der Gruppenarbeit ist eine Illusion." *(Wolfgang Stroebe)*

Du kannst dich beleuchten, nicht erleuchten.

Ist Wahrheit der Leib unterm Kleid oder das Blut unter der Haut?

Der Gemeinschaftsgrad steigt mit den Scheidungsraten.

Die Christen verbessern sich vom Stall zum Grab und vollenden sich, wo andere verenden : Sie machen sich aus dem Staub, zu dem sie werden.

Deine Selbstverwirklichung bezahlen wirkliche Werktätige.

Ein wohlgesetzter Satz ersetzt ein Entsetzen, doch Gedanken beherrschen uns nicht länger als Gefühle und sind nicht freier in der Freizeit.

Wo keine Behauptung ewig wahr ist, bleibt Selbstbehauptung wahnhaft.

Vertreter repräsentieren das Volk wie Worte die Welt.

Fortschritt ist die Täuschung, dass Junge vor Alten kommen.

Gibt es kein Denkmal ohne Kainsmal?

Hirnforschung spricht unseren Willen frei, indem sie ihn unfrei spricht. Schuldlos schuldig wird er tragikomisch.

Übermensch? Freuds *Über-Ich* ist nicht der Mensch, der über sich steht.

Theorien werden in Untaten praktisch.

Bist du anders, also nicht weniger, oder viel mehr, doch nicht anders?

Der tote Leib ruht in seinem Grab, der lebende in keinem Schwerpunkt.

Das Ich wird durch ein anderes anders als ein Ich.

War die Wahrheit gefunden, fing Philosophie erst richtig an.

Niederes Volk kommt himmelhoch, doch nie nach oben; der Herr kommt in die Hölle, doch nie runter.

Tu was du willst; fühl was du musst; denk was du darfst.

Eine Explosion kann alles vernichten, doch auch ein All erschaffen. (Explodiert der Wutphilosoph, wird ihm besser schlecht.)

Über folgerichtige Argumente entscheiden nun Entscheidungsfolgen.

Individuum und Allgemeinheit haben ihren Wert, doch keinen füreinander.

Das Leben geht weiter – als jeder von uns. *Seinen Sinn* verliert das Leben durch leichtes Erleben und gewinnt der Tod durch schweres Sterben.

Knechte tragen Differenzen, Herren Differenzierungen aus.

Soll die Welt besser werden, muß es uns schlechter gehen (dürfen).

Nichts platter als nur zwei Seelen in der Brust.

Weg mit Lustgeboten und Verlustverboten: Zu Chancen der Risiken und Nebenwirkungen der Hauptursachen fragen Sie Ihren (Meta)Physiker!

Hochkommen oder Hochkultur: Wer nicht leben kann, muß aufsteigen u.u.

Beweise brauchen nie Weisheit, Behauptungen kaum Hauptsachen, Wahrheiten wenig Wahrhaftigkeit und Vermutungen keinen Mut.

Schl-echte Künstler bezahlen gern als Gutmenschen.

Bettelarm wird geistreich, gefühlsarm wird neureich. Schützt die Arteneinfalt, nicht die Unartenvielfalt!

Bis zur Hirnforschung schlug dir die Neugier auf dein Innenleben den Schädel ein.

Etwas Schönes überflutet alle Reize.

Ändere mein Gefühl für dich, und du änderst meine Gedanken über deine.

Ein guter Mensch, nicht eine bessere Welt, ist ein guter Wille dazu.

Die innere Leere von Steinen, Pflanzen und Tieren sah der leere Buddha.

Ich = Ich. Nach Freiheit ruft, wer widerspruchsfreien logischen Gesetzen zwanghaft widerspricht. (Zwänge erzwingt, wer Triebe befreit.)

Inzwischen werden Gesetze und Tabus abgeschafft, indem man sie bricht.

GUT. *Every theory of everything* müsste selbstverständlich auch sich selbst verstehen – ohne weitere (Meta-)Theorie.

Die Welt entlarvt ihre Entlarver und verschlimmert ihre Verbesserer.

Double-bind. Man kann nur noch wählen zwischen Jasager und Spinner, Herdentier und Idiot.

Unabhängig bleibt, wer sich aus dem Zusammenhang reißt.

Physik 2000 : Das Nichts zerfällt ins All, und ein Superstring besteht aus Paralleluniversen.

Viele essen, zeugen und schuften, damit einige speisen, lieben und handeln

Das einzig Wahre lag einst im Vorgestern, liegt heute im Heute oder Übermorgen – und in Wirklichkeit in keiner Zeit.

Realität, die mir wirklich nützt und dient, wirkt unwirklich.

Wer keine Unvernunft annimmt, keine Visionen hat und keine Stimmen hört, gehört zum Psychiater.

Schusters Leisten oder : Unten die Lastenträger, oben die Leistungsträger.

Gesellschaft ist die Nummer Eins mit lauter Nullen, doch gemeinsame Interessen ersetzen kein einsames Interesse daran.

Wer nichts (zer)stört, verstört; nur wer nichts tut, verändert das Bestehende

Staatsbürger sind Kinder ihrer Zeit, die wählen dürfen.

Wodurch wird Reales mehr entwertet, durch Ideales oder Emanzipation?

Man züchtet sich realistische Praktiker, d.h. ideale Sklaven.

Richtig sieht, wer sein Wort, falsch lebt, wer seinen Wert an die Welt anpaßt und Bestangepaßte sind nicht beste Durchblicker, sondern Bestdurchschaute.

Gut & böse: Aus Egoismus helfen oder aus Nächstenliebe schaden.

Selbsterkenntnis sieht vom Ufer den Fluß und vom Strom das Ufer zugleich.

Der Verstand läßt sich vernünftig verstehen, doch Klarheit kaum erklären. Bezieh dich auf das, was mich auf dich und dich auf sich bezieht.

Wer genau sieht, wie er mich sieht, sieht mich unscharf.

Laßt an mir ein gutes Haar in der Suppe. Erst die Muttersprache macht so mündig, dass man entscheiden kann, ob man sie lernen will.

Was der Fall ist, ist ein Zusammenfall von (R-)Einfall, Ab- und Zufall.

Bund mit Gott. Beschneidung freiwillig erst als Erwachsener? Aber sie erst macht frei und erwachsen.

Nun tun wir frei und gern (uns selbst an), was uns einst angetan wurde.

Glückliches oder geglücktes Leben? Jeder will selber denken, weiß aber wenig, um darüber nachdenken zu können.

Weltbild und Selbstbewusstsein sind Doubles oder Rivalen.

R. Spaemanns „Schritte über uns hinaus" führen zur realen *Lebenswelt* wie zur *Dritten Welt* logischer „Gedanken Gottes *vor* der Schöpfung" (Hegel).

Warum gilt hier ewiges Fußballverbot als tödliches Sakrileg und nie die Fußballheiligung als billiger Populismus?

Fordere Europa, und du förderst seine Gegner!

Auch Nietzsche und Foucault wollten an die Macht – durch Philosophien des Machtwillens.

Unbefragter Pop zählt, entscheidet und begehrt unpopuläres Volk.

Wer nur nehmen will, nimmt zuwenig; wer nur geben will, gibt zuwenig. Gibt der Staat, was er nehmen sollte, indem er nimmt, was er geben sollte?

Augen zeugen *von* weil *mit* Mutter Natur.

Arme Deutsche sind an reiche Deutsche mehr gebunden als armen Polen verbunden.

Erkenntnisse wollen nicht feststellen, was Erinnerungen festhalten können.

Theorien haben wahrscheinliche Gründe und unwahrscheinliche Folgen oder sichere Prognosen und unsichere Prämissen.

Utopien scheitern nicht an Rechenfehlern.

Demokratie respektiert das Recht einer Minderheit, gegen alle Minderheiten dem Willen der Mehrheit Respekt zu verschaffen.

Hier und jetzt wäre gar nichts, wenn es einst (wie) nichts gewesen sein sollte

Du sollst dir von Ihm kein Bild machen, also aus deinem Bild keinen Gott. Aus dem Begriff von Gott folgt noch nicht Seine Existenz, aber aus Seiner Existenz auch kein Begriff von Ihm.

Auch wer sich zum Sterben legt, steht für seine Schuld gerade.

Unendliches Gerede sagt Gottes vollendetes Wort tot, doch wer Sein Ebenbild mit Lasten belästigt, lästert Ihn.

Es spricht gegen Besteller und Bestseller, dass sie sich suchen.

Unbekanntes bewirkt Erkenntnis. Wissenschaft erkennt die Funktion von Religionen, Religion die Funktion von Funktionen und Wissenschaften.

Wer einwilligt, will mitgewirkt haben.

Nichts Wirkliches könnte ganz anders sein, als es ist, sagen Forscher. Außer der ganzen Wirklichkeit selbst, sagen Fromme.

Entwurzeltes wird zur Kunst schöngeredet, doch die besten Bilderstürmer sind nicht fromm, sondern Maler.

Dichter, die Träume erzählen, zählen nie auf Denker, die die Kosten zählen.

Gott schuf die Welt aus dem Nichts, also Erhabenes aus Plattem. Das läßt sich wieder plattmachen.

Verhasstes *muß* nicht, Beliebtes *kann* nicht berühmt werden.

Künstler schaffen nicht Werke, sondern mit ihnen Regeln, die sie machbar machen, und wie sie Kinder zeugen und nicht Essen machen.

Entweder schreibt oder steht man über etwas.

Du siehst, wer ich bin und gewesen sein werde, ich sehe, was ich war, und wer sieht nicht, was ich sein werde?

Gewalt befreit – von den Fesseln, andere zu fesseln.

Die Seele ist unsterblich, weil sie Geist hat und z.B. die ewig gültige Logik versteht.

Man denkt, Hirnforscher lesen, was man denkt, nicht daß und wie man denkt

Nur Gedanken verstehen Hirnzustände, die nur das Denken verstehen und nie Gedanken.

Macht : Mitleid will keiner und fühlt jeder.

Das Individuum ist tot, es lebe die Gattung? Die Individualisten blühen, es sterben die Baumarten der Erkenntnis.

Tiefe Gedanken haben kein Fundament und Fundamentalisten nur Untiefen.

Wer evolutionistisch und naturalistisch kommuniziert, liegt richtig und lebt falsch.

Da jeder vom Himmel gefallen ist, passt er nie ganz in Öko-Nischen.

Cogito, ergo summa cum laude. Wenn man sich schon demütigen muß, dann lieber vor hohen Idealen als vor platten Realisten.

Wer ist dazu gut, zu nichts (zu) gut zu sein?

Untergott und Übertier. Wer sich erinnert, sieht sich von außen, wer hofft, von innen, und wer Sterne sieht, die Vorvergangenheit.

Güter werden Kunstwerke, wo sie mehr von uns erwarten als wir von ihnen.

Kunst sieht Untiefen in Oberflächen, Wissenschaft Gewöhnliches im Geheimnis, Religion Plattes im Satten und jedermann Rätsel nur in Geräten.

Unwissen und Unwillen nennt sich gern Stimme des Gewissens.

Du bekämpfst Armut und Unrecht, um an deren Ausmaß und nicht deinem Unvermögen zu scheitern.

Leidenschaft, die es schafft, nicht zu leiden, ist konzentrierte Zerstreuung.

Fürs Wohl der Menschheit, das keiner kennt, wären Menschen zu opfern, nicht für guten Willen dazu.

Ein hässliches Bild vom Schönen ist noch kein schönes Bild vom Hässlichen

Ungleiche Talente sind ungerecht, gleich(gemacht)e gar keine, und wer seinen Willen bekommt, erfährt nie, was er wollte.

Eine Person besteht aus mehr Massen als eine Gesellschaft aus Individuen.

Die Reichen tolerieren die Armen und die Herrscher ihre Sklaven.

Macht Verblüffendes bluffresistent? Vergleiche, um nicht zu versinken, und versenke dich, um nicht vergleichen zu müssen.

Aphorismen hoffen, daß Splitter haltbarer sind als Glashäuser und Scherben.

Pluralisten können alles anerkennen, was sie kaum kennen.

Ich fürchte mich. Wie dich.

Wer Kinder zu seinen Autoritäten erzieht, braucht antiautoritäre Pädagogik.

Kleinere Vermögen gleichen sich zufrieden, größere vergleichen sich unglücklich.

Ist atheistische Kritik des Unendlichen Apologie des endlos Verendeten?

Wer mitspielt, kann verlieren; wer nicht mitspielt, will gewonnen haben.

Wer weiß, wie er Gedankenlosigkeit und fehlende Ellenbogen mit Gefühllosigkeit und mangelndem Gemeinschaftsgeist vereinbaren soll?

Wirlinge oder Ich-links? Richtet euch – nacheinander oder nach dem Recht.

Welcher Philosoph hat tiefere Gedanken als seine höchste Besoldungsstufe?

Kunst, die im Leben aufgeht, geht so ein wie Leben, das in Kunst aufgeht.

Sexwellen- oder Tsunamisurfen. Künstler heißt, wer kreativ mitgeschleift wird, doch Kultur wäre ein Elfenbeinturmbau zu Babel.

Um mein Hirn zu verstehen, müsste ich klüger sein als mein Kopf.

Man kann sich heut in Nächste nur noch so schwach einfühlen wie früher in Fernste, in Fernste aber so stark wie früher nicht mal in Nächste.

Gebildet wirkt, wen ein Buch lebendiger macht als andere ein Bett.

Romanciers sind Romanhelden, und welcher Roman ist mehr wert als die Bürgerkarriere, die seinem Schreiben geopfert wird?

Nur verstiegene Theorien steigen tief genug ein in praktische Probleme.

Der Künstler schickt den Bürger, der ihn zum Spielplatz schickt, zur Hölle. Oder macht der Bürger aus der Not, vom Künstler als Spießer verkauft zu werden, die Tugend, sich Unterhaltungskünstler zu kaufen?

1871 : Bismarck gründet sein Reich, Darwin beweist seine Ahnen.

Lektoren und Kollektoren, tobet und lobet zugleich!

Steine im Weg sind bessere Wegweiser als ein Stein vom Herzen.

Dement wirkt, wer etwas nur vergessen kann, wenn er alles vergessen muß oder sich an etwas erinnert um den Preis, gar nichts vergessen zu können.

Medien : Nicht jedes Quotentief quält mit hoher Qualität.

Im Wachen träume ich von schöneren nächtlichen Träumen, nachts aber von schöneren Wachträumen.

Zeitgenossen sind Idealisten, ihr Sein ist nichts als Wahrgenommensein.

Christus baute seine Kirche auf einen versteinerten Prekarier. Sein Stellvertreter war ein Dienstbote aller Dienstboten.

Christentum war ein prekärer Bund des Herrgotts mit den Arbeitssklaven gegen die Herren der Welt, der Unterschicht mit dem Höchsten gegens Bündnis von Mittelschicht und Oberschicht.

Das Sichentfernen kommt immer näher. Wer sich auf den Grund geht, lebt archaisch; wer Gründe sucht und Abgrundsätze hat, wirkt modern.

Feste in Festungen feiern. Der Leib kann nicht so, wie die Seele will, der Geist kann nicht so, wie der Körper will : Was ist komischer?

Pessimisten bedauern, dass Optimisten Recht und Erfolg hatten.

Ist in Kunst symbolisch verdichtet, was Allgemeinbegriffe breit analysieren, oder verdichtet der abstrakte Begriff, was Kunst sinnlich ausbreitet?

„Ich versteh die Welt nicht mehr" als früher. Die Zeitung versteht die Welt – besser als ihre Unverständlichkeit.

Die großen Leute erfreuen sich an den kleinen Leuten ihres Lebens.

Das Rädchen im Getriebe schwärmt von Gemeinschaft, spricht von seinem Verhalten und meint seine Verhältnisse.

Liebe 2000 : Ich begehre (auf gegen) dich.

Darwin passte nicht das Überleben des Unangepassten.

Freiheit, die andere nicht einschränken darf, ist beschränkt auf Spielplätze.

Nur Unnützes und Unwillkommenes braucht Argumente.

Der Adel, das einzige historische Experiment einer *leisure class*, animiert wenig, seinen Zeitvertreib maschinell zu demokratisieren.

Was realisierbar wäre, wäre nicht idealisierbar.

Die Lebenslust war früher zügelnswert stark und ist heute einpeitschenswert schwach.

Wer nichts schuldig ist, ist und tut nichts.

Echte Äußerlichkeit verdeckt inneren Talmi, längeres ersetzt höheres Leben. Es ist mehr los, und Erlöse machen gelöster und unerlöster.

Haben Gläubiger mehr als Gläubige? Religion wurde Fortschritt von erfolgreich verfolgten Ungläubigen zu geduldigen und geduldeten Gläubigen.

Kunst und Geschichte eint der Sieg mordlustiger Helden über gesetzestreue Spießer.

Früher Moral ohne Recht, heute Justiz ohne Ethik, bald Zahlungsmoral der Vorrechte.

Gesellschaft spuckt auf arme Schlucker und schluckt die Tönespucker.

Gerecht : Jeder ein Hausbesitzer, jeder ein Supermodel, jeder ein Einstein!

Warum widersteht die Welt unserem Willen weniger als unserem Wissen?

Bin ich wichtig? Das viele Böse gibt es ohne mich, nicht das wenige Gute.

Man denkt in Zeiträumen des eigenen Lebensalters, doch bisher schaffen Maschinen mehr Arbeit als ab.

Survival of the fittest slaves : Herrschaft ist Überleben der Unangepassten.

Die Lügen der Zeit, aufgedeckt von den Lügen der Künstler: Lies zwischen den Zeilen aus dem Weiß des Papiers nie dein Schicksal.

Copyright. Wünsche verwünschen andere. Enteignet die Geistreichen!

Entweder verdrängt man Lust oder Verlust, Leben oder Sterben.

Freie Kunst ist frei von Kunst. Die Muse ist eine Domina ohne Zuckerbrot.

Widerlegt wirkt ein Gott, der in Christus starb, und Christus, der in Kirchen auferstand.

Freiheit ist Selbstfesselung, Befreitwordensein ist Unfreiheit.

Wäre die Welt in Ordnung, gäbe es uns gar nicht.

Eiskalter Verstand geht eher über Wasser als über Leichen, doch Heidegger merkte Husserls Intentionalität und war verstimmt.

Reinstecken & Einstecken. Das Gute gewinnt nicht mit gutem Gewinn.

Spartacus 2000. Die Erniedrigten und Beleidigten wollen die Schönen und Mächtigen aus ihren goldenen Käfigen befreien.

Hoffnung schwächt Erinnerung und das Kinderglück die Greisenangst.

Was soll die Gesellschaft, der du alles verdankst, dir verdanken?

Jeder hält sich offen, wenn sein Geld die Welt und die Hand offenhält.

„Selbstbestimmung" wurde der Werbeslogan der Ellbogen.

Religion deutet das Diesseits als Fall von Abseitsfalle. Nach ihrem Ende ist Banalität das Symbol offener Trivialität.

Kommen Reiche uns geistreich, kommt Krösus als Bauer.

Mich verstehen heißt meine Gegner verstehen.

Wir modern modern. Das Leben in uns bewahrt vor fremden Toten, das Tote in uns vor fremdem Leben.

Die Welt ist so klar, wie der Kopf denkt, und so wirr, wie der Tropf glaubt.

Reiner Widerspruch ist trüber Widerstand, der wie Realität aussieht.

Differenzieren verlängert, Integrieren verkürzt ein Leben, und sein Sinn liegt im Widersinn der Welt.

Wenn jeder siegt, will mancher verlieren.

Zwingende Beweise begründen zufällige Einfälle, und diese belegen jene.

Freiheit kann immer auch ganz anders, verspielt wie ein abhängiges Kind.

Du gehst gut, verkaufst dich gut. Wer besser ist als du, ist nicht gut zu dir.

Der eine zieht Leute an, der andere Geld, das sie anzieht. Kann man für das, was man kann?

Kein Kopf könnte sich selbst ausdenken.

Die blauen Blumen der grauen Zellen wirken wie blaues Blut ohne grauen Alltag: Sie rufen nach blauen Bohnen.

Nietzsche will sich einen guten Willen zur Macht machen.

Opti(mierungs)mist. Ausbruch ist auch möglich durch Abstieg, doch auch wer Glück hat, sollte es nicht persönlich nehmen.

Heißt Demokratie, dass die Schlimmsten bestimmen, wer die Besten sind?

Was nützt und gut tut und nichts schadet, ist ja keine Kunst.

Auf wen schaust du am mitleidigsten zurück? Ihn wirst du nie überholen.

Geist braucht mit der Zeit mehr Gründe als der Zeitgeist.

Man begehrt Besseres und liebt Schlechteres.

Jeder darf benachteiligt werden wegen niedrigerem IQ.

Kein Widerstand ohne Wohlstandskämpfer, doch wer vom Nein leben kann, ist ein Herdentier.

Stellt Arbeitssklaven ruhig mit dem, was ihre Urenkel mal schaffen sollen.

Man erledigt Dinge und Menschen. Man bringt auch die Dinge zum Lügen, durch List und Folter.

Moral 2000 : Opfert heutiges für künftiges Leben oder umgekehrt!

Seit wir Unverbesserlichen in der verbesserbarsten aller möglichen Welten leben, darf man mit nichts mehr zufrieden sein, ohne dumm zu sein.

Dass Askese weniger langweilen kann als Erfüllung, spricht für Gott.

Gentechnik gilt als demokratischer Aufstand gegen DNA-Feudalismus und IQ-Adel.

Brecht? Nach oben kommt das Fressen, nach unten die Moral.

Der Mensch macht sich zum Affen, um zu beweisen, dass er nicht von ihm abstammt.

Hölle : Jeder hat das Leben, das er verdient. Man ist so frei, Fatalist zu sein.

Animistisches soll Animalisches rationalisieren, aber wo rechtfertigt der Bauch auch mal das Haupt?

Wer tut, was ihm nicht passt, tut noch nicht, was ihm frommt.

Ist der Mensch gut, obwohl er Böses tut, tut Gott nicht gut, da er Böses tun läßt.

Meine Meinungsfreiheit ist Freiheit *von* Meinungen und *für* Dogmen.

Einst sah das Volk auf zum Adel, weil er aufs Volk herabsah. Nun schaut der Staatsdiener auf Staatsbürger herab, weil sie nicht zu ihm aufschaun.

Glück zu haben ist manchem noch kein Grund, zufrieden zu sein.

Der folgerichtige Satz, der erfolgreiche Einsatz, der befolgte Befehl: Alles Wahre sagt zuviel, und was fehlt dem Fehlerfreien unfehlbar?

Warum ruft eine Theorie nach mehr Belegen als eine Sache nach Begriffen?

Christentum war einmal eine Hochleistungsdisziplin mit Trainingscamps, Überweltmeisterschaften und Siegerorden.

Ist schon Christ, wer lieber ein kleiner Dieb als ein großer Gauner wäre?

Lux et crux. Den Knechten widersteht der Herren subjektiver Wahn, den Herren nur des Herrgotts objektive Wahrheit.

Aufklärung hält vor dem Tod vital, Christentum auch nach dem Tod.

Die ungeheuren Untaten der Diktaturen verdecken, aber rechtfertigen nicht die ungeheuren Untaten ihrer liquidierten Vorgänger.

Außer ihren Grundsätzen ändern Rebellen alles und Konservative nichts.

Wir müssen weg. Tolle Nachfolgemodelle drängen schon auf den gesättigten Markt.

Was nicht anders ist, als es auch ausschaut, wirkt undurchschaubarer.

Ist es allzumenschlich, sich von jedem System verunmenschlichen zu lassen, oder unmenschlich, das jedem Menschen vorzuwerfen?

Nur was nie ist, offenbart der Welt, was sie immer ist – nicht umgekehrt

Wer vergibt dir mühelos dein vergebliches Bemühn? Wer aus dem Tod klug wird, da ihm die Lebenszeit zum Verstehen nicht reicht, wirkt dumm.

Du grollst deinem Gönner, indem du deinen Günstling geringschätzt.

Das Unnatürlichste von der Welt sind naturalistische Naturwissenschaften.

Triebe haben dich, bis du Lust hast, vom Geld besessen, bis du es besitzt.

Beschreibt man die Welt, wie man Leinwand bemalt?

Feine Verkleidung geniert mehr als nackter Trieb. Wer die Liebe, des kurzen Sinnes lange Rede, von Tabus befreit, befreit sich von ihr.

Die Würde der Menschen lag in ihrer gegenseitigen Entwürdigungskraft.

Der längste Umweg zum Ziel macht es erst lohnend: Praxis ist das Gegenteil von Kultur, die viel Zeit verlieren will.

Sein Ziel zu erreichen ist gut, aber zu nichts gut, also sinn- und zwecklos.

Tritt man dich mit Füßen, liegt man dir zu Füßen. Was Privatleute vereint, verstecken sie in Privatsphären, und was sie trennt, zeigen sie stolz.

Kunst heißt : Scheinwelt schützt Sein vor Schein.

Der Poet ist zu dichterischer Freiheit verdammt und bald so frei, nach allen Regeln der Kunst und der Welt zu scheitern, die er nicht ernst nehmen kann.

Nur die unwirklichste Kunstform trifft noch die unförmigste Realität.

Eine Gesellschaft, die dir nicht freistellt, ohne sie statt gegen sie frei zu werden, ist unfrei.

Hölderlin heute : Wächst das Rettende (über den Kopf), wird's gefährlich.

Gesellschaft light : Produzenten und Konsumenten werden produziert und konsumiert.

Für Christen leben Reiche gut und Arme ewig.

Revolutionärer Bruch mit der Tradition beständiger Traditionsbrüche heißt je nach Kassenlage konservativ oder reaktionär.

Kunst und Wissenschaft eint das Sakrileg, gern *über* Sakrales zu sprechen.

Maschinen, die dich nicht für schwere nutzlose Geistesarbeit freistellen, sind nutzlos.

Aphorismen zur Zeitaltersweisheit

„Je dichter der Diamant, desto glänzender." (Jean Paul)

Eisberge sind schon Schuldenberge oder kleiner als ihre Spitzen.

Herrschsucht, die er in Schlegels Ironie sah, beherrschte Hegels Dialektik.

Höhere Kreise entfesseln ihre niedersten Triebe, solange Hightech nicht das niedere Volk für Hochkultur freistellt.

Kunst ist die einsame Scheinwelt, die gesellschaftliche Scheinwelt entlarvt.

Anstoßen auf viele Denkanstöße erregt wenig Anstoß, und um daraus klug zu werden, fehlen mir nur noch wenige Dummheiten.

Folgt aus allem mindestens eins, dann aus einem einzigen auch schon alles

Automaten fesseln, bis sie von gesellschaftlicher zu geistiger Arbeit befreien, und Herrschaftskritiker entbehrten oft Herrschergunst.

Der besten Tage der Jugend zu gedenken, sind die besten Tage des Alters.

Gegen Zufriedene spricht ihr Dummdreistes, gegen Hellsicht ihr Schmerz. Weissagt die Zukunft: Wir werden nie vergessen, weil nie gewesen sein.

Ergreift die Initiative, die euch ergreift, und begreift sie.

Wer ewiges Parteiengezänk, starre Routinen, faule Kompromisse und menschenferne Ideologien nicht erträgt, haßt Demokratie wie Politik überhaupt

Der Herr schaut, der Knecht baut: Akteure dienen, Zuschauer verdienen.

Weiß Heidegger alles vom Nichts weil nichts vom All? Ist existenzielles *Sichvorwegsein* des menschlichen Daseins nicht *eigentlich* ein ehrgeiziges *Sichhervortun* des provinziell Rückständigen?

Rede uns nach dem Munde, über den du uns fährst: Der alte Adam ist am Ende so innovativ wie der Neue Mensch ab ovo antiquiert.

Wer lange unten ist, wird nicht tiefer, wer obenauf ist, aber oberflächlich.

Der lachende Dritte im Kulturkampf zwischen physischem Sein und psychischem Bewußtsein ist ihre logische Struktur oder metaphysische Natur.

Nur die Alternative zu jeder Alternative widerspricht allem Für und Wider.

Theorie: Schau-Spiel als Schachspiel. Erinnere mich, woran ich dich erinnern soll: Sieben auf einen Streich, der ihnen gespielt wird.

Du haßt den, der dir gibt, und liebst den, dem du gibst.

Zeitgeist: Demokratie roher Spielkälber, mündige Mundfäule, vergammlungsfreie Geredefreiheit und meinungsfreie Narrenfreiheit.

Selbständig und unabhängig fühlen sich nur noch Orientierungslose.

Nicht Individuen, aber Massen machen Revolutionen – unmöglich.

Beide Beine fest auf der Erde verraten den Himmel. Der Kopf sühnt ihn.

Die Kugel, die dich trifft, ist kein Ball, den du zurückwirfst.

Das moderne Schreckgespenst sei dein Wunschbild: Der weltfremde Gelehrte zwischen verstaubten Folianten, der abgehobene Theoretiker ohne Praxisbezug, der starre Dogmatiker und graue Studierstubenhocker.

Entweder wirst du uns fremd oder kommst aus der Fremde.

Gemeingefährlich gemeinnützig. Industrie verkürzt die Lebenszeit um jene zwei Stunden täglich, auf die sie die Arbeitszeit nicht verkürzt.

Theorie und Praxis sind theoretisch eins und praktisch entzweit.

Die himmlischen Freuden, die nun nicht erst nach dem Tode versprochen werden, schieben ihn auf durch Joggen und Magermilchjoghurt, Diskokrach und Internet-Shitstorms.

Denken begreift, wie besondere Allgemeinbegriffe die denkbar absonderlichste Allgemeinheit widerlegen.

„Der Luxus des Gefühls ist die Poesie der Dachstuben. Aber was wäre die Liebe in Paris ohne diesen Reichtum? Wenn es Ausnahmen von diesen in Paris allgemeingültigen strengen Gesetzen gibt, so findet man sie in der Einsamkeit, bei den Seelen, die sich nicht von den Doktrinen der Gesellschaft beeinflussen lassen, ... glücklich, die Stimme des Unendlichen zu vernehmen, die ihnen aus all den sie umgebenden Dingen wie aus sich selbst entgegentönt." *(Balzac : „ Vater Goriot")*

Es gäbe nichts Unbewußtes, wüsste man, wieviel es davon gibt.

Nichts hat Sinn und Zweck mehr, alles hat Sinn oder Zweck – oder beides nicht.

Teufel halten Güte für die raffiniertere Bosheit.

Mutige sind so unvernünftig wie Gläubige. Deshalb sind wir alle für die Aufklärung.

Abgründe. Die Himmel hochdroben waren nie die Tiefen des Weltalls.

Heut wächst alles nach unten und welkt nach oben. Das Leben geht weiter – zurück oder in sich.

Die moderne Form von Resignation heißt Fitness, Info und Hoffnung.

Loveparades kreischen : Macht uns zu Truppenparaden!

Teilt sich jeder weiter, sind alle eng verbunden.

Sartres dichterische Freiheit sucht die soziale Realität, der reale Autor fand die sozialistische Ideologie.

Wes Körpers Kind du bist, bestimmt deinen Corpsgeist.

Die Teilhaber und Anteilseigner, Teilnehmer und Vorteilnehmer verengen ihren Horizont, Anteilnehmer nicht.

Das Wort, das du gibst, nimmst du in den Mund und uns aus dem Mund.

Fortschritt wäre, ihn für sein Gegenteil zu halten, ohne Unreife mit ihm zu verwechseln.

Meist ändert man andere, damit sie nicht mehr anders sind.

Es geht drunter und drüber, bis es ein Oben und Unten gibt.

Auch aufrechter Gang beugt sich noch dem Druck der Erwerbsarbeitslast.

Expressionismus drückt den Sieg Beeindruckter über Impressionisten aus, Ideologie den Sieg fixer Ideen über Idealisten.

Gebildet ist, wer durch mehr Wissen fähig wird, weniger zu verstehen.

Man tut dir nichts (Gutes)? Religion hat damit zu tun, dass nichts (mehr) zu machen ist.

Seit Descartes schien jeder Zweifel über jeden Zweifel erhaben.

Der eine nimmt dir auch noch den Rest, der andere gibt dir den Rest.

Wer die Preise kennt und nennt, hat die Werte schon hinter sich.

Im Osten nichts Neues, im Westen nichts Altes mehr.

Ein Glück kommt, obgleich man es sucht.

Nicht jeder Umständliche hat Kultur, doch sie führt Ziele und Zielscheiben auf immer fernere Umwege und Holzwege, bis die Natur lächelt.

Die Kirchen sind nun leer, überfüllt von innerer Leere.

Kunst : Nur was man kann, kann man lernen und üben.

Als Produzent und Regisseur gilt, wer mehr Künstler als Künste beherrscht

Selbstlos bist du nicht, weil du beliebig viele Selbstsüchtige in dir so liebst

Der Beste ist die einzige Dutzendware unter lauter solitären Originalen.

Mit der Maske verliert man sein Gesicht, mit dem Gesicht wahrt man seine Larve.

Träume werden wahrer beim Erwachen.

Pflicht erfüllt der, den es nicht erfüllt, wenn er sich seine Wünsche erfüllt.

Journalistische Freiheit wird durchs Anzeigengeschäft *erworben*.

Für Menschenrechte soll vor Gericht die Religion gar keine Rolle spielen.

Korrigieren sich Vorurteile durch Nachrichten über Hintergedanken?

Gourmet. Freiheitsdurst und Bildungshunger sind so wenig wählerisch wie Machthunger und Wissensdurst.

Freiheiten und Zwänge sind weiterhin angeborene Erwerbsmöglichkeiten.

Ein unabhängiger Mensch reißt sich aus dem Zusammenhang zusammen.

Die überwältigende Mehrheit wird durch Ver(ge)walt(ig)ungen bewältigt.

Wer erwartet vom Leben noch Höheres als höhere Lebenserwartung?

Schönfärberei heißt heute „differenziertere Betrachtungsweise", doch man sieht den Blätterwald wieder vor lauter gestorbenen Bäumen.

Soll ich sollen, kannst du können, will wer wollen, dürfen wir müssen?

Ein Kind will möglichst bald verknöchern, ein Greis ewig unreif bleiben.

Was könnte ich tun? Was hätte ich tun sollen? Dazwischen liegt das Leben

Wer Beichtväter fürchtet, schüttet sein Herz aus in die Hose.

Auch am seidenen Faden hängen stolze Marionetten.

Ein guter Mensch bittet um Vergebung, dass er sich von uns verletzt fühlt.

Der Deutsche ist gerecht. In allen Sätteln des trojanischen Amtsschimmels.

Am tiefsten erschließt sich die Welt, wer sich vor ihr verschließt und umwälzende Wälzer liest über Hinterwelten.

Große Männer fingen mal ganz klein an, kleine Leute ganz groß.

Dem gemeinen Volk wie dem Adel neidete Freud die allgemeine Hemmungslosigkeit.

Man sieht nur, was man glaubt, und was man sieht, ist unglaublich.

Es gab so wenige *innere Emigration*, weil ein solches Land unbekannt war oder keine Visa ausstellte und Jobs bot.

Ausrufungszeichen und Fragezeichen stehen auf demselben Standpunkt ! ?

Pankryptikum, Panscripticum. Das Rätsel des Lebens hat eine Lösung, keine Frage: Es rät, die Welt sei insgeheim ein Geheimnis.

Wie viele Todesschreie sind Wiedergeburtsschreie?

Poesie und Philosophie haben den herrlichen Sinn und Nutzen, dass man für Herrschaften sinnlos und unnütz wird.

Wände haben Ohren? Jüngste Ein- und Vorwände haben schon Hörgeräte.

Automaten erschaffen Automaten, die ihre menschlichen Reparateure und Nutzer abschaffen.

Praxis ist ein Gerät, Theorie ist Gerätsel. Praktiker verschwenden und versenken ganze Erdteile, Theoretiker verschwinden in ihrer Versenkung.

Große werden nach dem Tod auch vergessen, Kleine vorher. Unsterblich sind unverständliche Versteher.

Das Leben macht sich nur noch zum Mittel, um Lebensmittel zu machen.

Ich habe keinen lückenlosen Beschäftigungsnachweis. Schließlich musste ich gelegentlich auch mal ernsthaft arbeiten.

Wahrsager sind Lügner, aber Kunstwerke sind Lügen, die Wahrheit sagen.

Übermenschen bleiben gern ganz unter sich, doch Eitelkeit kann große Menschen ohne kleine Eitelkeiten nur noch übersehen.

Sterben beendet endlich das endlose Verderben einer wunderbaren Geburt.

Was ohne Anfang war, bräuchte unendlich lange und erreicht uns nie.

Cunt? Jeder Imperator lehnt den Kategorischen Imperativ kategorisch ab.

Wirkungen folgen Ursachen und verfolgen Urheber, doch was bewirken fehlende Ursachen?

Wäre *die beste aller möglichen Welten* eine, die sich verbessern ließe?

Einfälle sind Zufälle, und der Schöpfer hatte keine Muse. Was der Künstler selbst macht, nimmt ihm die Gabe, Eingebungen sich hinzugeben.

Die meisten Mitmenschen sind mir so fremd, dass ich kein Fernweh kenne.

Moral ist Selbstbestimmung, Selbstsucht ist Unmoral. Wenige wissen, was dumm ist; alle wissen, was böse ist, doch was erlöst von IQ und EQ?

Freiheit heißt, fremde Freiheit nicht anzutasten, sagt der in der Einzelzelle.

Kultur : Genuß, Bürgern Hochgenüsse anzubieten, die ihnen zu hoch sind.

Mehr als ihr Geld verdienen nicht viele. Beliebt sind, die sich oft liebevoll bestätigen, dass sie sich nicht beliebig betätigen.

Wirtschaft meint sinnlose Arbeit für Geld statt nutzlose Arbeit im Geist.

Ausbeuter jagen einander die Beutel der kleinen Leute ab und bilden auch heute die Meute der feinen Leute.

Sinn und Verstand, Glück und Segen sind oft Nebenwirkungen böser Gifte

Aufklärer glauben nicht, daß große Ideen Tote aufwecken, Wunder wirken und uns zum Himmel fahren. Einsatz für Undurchsetzbares (be)glückt.

Gewinn und Verlust rationalisieren Gefühl und Leidenschaft.

Mancher hat immer Angst davor, den Tod mehr zu fürchten als das Leben. Klug wird aus der Welt, wer mehr sieht, wenn er länger lebt.

Triebe werden gern als Tabus gegen Tabus betrieben.

Kleingeister in Großgruppen. Die Moral der Moral ist der Wert, der keinen Preis, und der Preis, der keinen Wert haben sollte.

Verzweifelt ist, wer Ärgeres kennt als den Weltuntergang.

Kant und Hölderlin arbeiteten lange als Hausdiener; Sklaven werden noch lange nicht Geistesarbeiter.

Vor Willkür schützt Schicksal, vor Zwängen der Zufall – also dasselbe.

Nehmt euch in acht vor dem, was ihr mehr achtet und ächtet als beobachtet.

„Der Raum" von *H. Conrad-Martius* erklärte 1958 sowohl die „spukhafte Fernwirkung" zwischen „verschränkten Quanten" als auch die Kosmologie von gravitanter *dunkler Materie* und expansiver *dunkler Energie*: Ist das All zu 5% sichtbar physikalisch und zu 95% unsichtbar metaphysisch?

Der Ehrgeiz, eigenen Ehrgeiz zu zügeln, ist wie ein Konkurrenzkampf um Planwirtschaft.

Tonangebende Ideen sind kein Material, um Materielles zu idealisieren.

Philosophie: Wer Seine Gedanken liest, macht sich jenen Begriff von Gott, der Seine Existenz beweist.

Wann überwiegt der Erkenntnisgewinn den Besitzverlust?

Die dumme Pfaffe erfand Gott nur, um Seelenreichtum, Kulturhöhe und Gemeinschaft zu fördern, fand der dumme Aufklärer.

Viele sind Tröpfe oder Teufel, die nicht so heißen, und viele heißen so, die keine sind.

Der Ungeist macht mehr körperliche als der Körper geistige Erfahrungen.

Man lebt immer länger und wird körperlich immer fitter für immer längere Demenz.

Böse produzieren soviel wie Reiche, Gute konsumieren sowenig wie Arme

Der Mensch zerfällt leichter mit Gott als ein Atom in Teile. Nietzsche wurde nicht nur verrückt, Gott bewies ihm, sein Denken sei Wahnsinn.

Aufklärung macht rationale Entmythologisierung zu atheistischem Mythos

Gott verschwand aus der Kunst und hinterliess Zauberkunststücke. Kunst kommt nur noch von gekonntem Unwissen der Artisten und Gaukler.

Psychologen, die Moralisten nicht überflüssig machen, sind überflüssig.

Man denkt sich immer mehr Geschichten aus und kennt sich nimmer mehr in der Geschichte aus.

Mehr Kunst wird weniger wert und je weniger sie noch weiss von der Welt

Als schwächstes Glied in der Weltschöpfungskette gilt Gott und ein Sklave in Wert- und Wortschöpfungsketten.

Was du mir nimmst, nimmst du dir; was du mir gibst, gibst du dir.

„Geistiger Fortschritt": Heute werden mehr Denker für atheistische als für christliche Philosophie bezahlt.

Schüchterne Paranoiker, die uns stets einschüchtern mit der Rhetorik, ihre Rhetorik vergessen zu machen, hegen den Verdacht. dass sie immer im Verdacht des Terrors stehen, uns vor Terror zu schützen.

Glücklich sein heißt heute die Augen verschließen wie gottlose Mystiker.

Heiliger Gesetzgeber, gütiger Regent, gerechter Richter? Hegel erkennt die legislative These des alttestamentarischen Vaters, die exekutive Antithese des christlichen Sohnes, nicht die judikative Synthese des Heiligen Geistes

Wertungen müssen so wenig subjektiv wie Tatsachen objektiv sein.

„There is no more outside"? Welcher Urheber zwingt uns durch welche Ursachen, von keinen Ursachen gezwungen frei zu sein?

Synapsensynopse als Gonzo-Imbroglio

Befreite Menschen sind nun wieder unfrei – sie folgen ihren Launen.

Glauben : wissenschaftliches Fürwahrhalten philosophischer Annahmen des religiösen Vertrauens.

Art & science : Inflation von Willen und Können als Deflation von Wissen und Kennen.

Fron & Lohn. Begeisterndes Ganzes wächst aus enttäuschenden Teilen, entzückendes Detail aus fruchtloser Einheit.

Liebe 2000 : Jeder will allein sein damit, mit wem er nicht allein sein will.

Kategorischer Imperativ: In Christus wird Gott nicht Mensch und menschlich, aber Gottes Gesetz in menschliche Hand gelegt.

Ein Individualist reißt sich aus dem ganzen Zusammenhang, um sich und ihn ganz zu verstehen.

Riskante Chance. In einer Million ist eine Null mehr als für sich allein.

Aus soviel Sinnlichkeit und Wohlstand entstand in der ganzen Weltgeschichte noch nie sowenig Sinn und Verstand. Einst dienten zu schlechte Wege zu hohen Zielen, doch so große Mittel noch nie so kleinen Zwecken.

Internet: Noch nie hat schlaue Ignoranz über so kluge Instrumente verfügt.

Revolution? Länder wurden vernichtet: Ausländische Ränke siegten gegen den welschen Hof 1789 und gegen die russische Demokratie 1917.

Zur Drucksache selbst. Bücher lesen und schreiben heißt nicht im *Buch des Lebens* stehen, doch schon zu Lebzeiten ins Jenseits befördert sein.

Die Gemeinschaft aller Menschen liege in jedem einzelnen, seine Individualität in deren Mixtur – ohne Vermischung von wahr und falsch.

Leben heißt das Licht der Welt erblicken, bis es ausgeht : Was sahst du?

Es gibt zwei Arten, Individuen zu verbinden, Geist oder Truppe, als Individuum oder nicht, doch folge deiner Bestimmung, an keine zu glauben.

Gott? Man läuft direkt in die Arme des Gesetzeshüters, vor dem man flieht

Geliebte Dinge verdinglichen die Liebe, und Geist ist der geradlinige Weg des geringsten Widerstandes – querfeldein durch die Lüfte.

Gott : Könnte Wissenschaft etwas beweisen, ohne das sie unmöglich wäre?

Hegels Denken hebt Kunst und Religion auf, als sei es die Synthese von Altem und Neuem Testament oder von katholischem und protestantischem Christentum. Die dritte Weltreligion bucht er als historischen Rückfall, statt beide früheren aufzuheben im „absoluten Wissen" des Weltgerichts.

Gesellschaft ist nie Verallgemeinerung des Individuums und das nie Selbst differenzierung der Allgemeinheit.

Wer sich frei dünkt, wünscht keine Tyrannei herbei, die seinen Freiheitsdurst weckt.

Ein zweifelhaftes Individuum wird, wenigstens auf dem Papier, wer merkt, dass aus ihm nur die Gesellschaft spricht.

Hart zum Gatten, zart zu Ratten, fliegt Eva um die Welt für die Umwelt.

Befreiungsideologien der letzten Jahrhunderte waren Herrschaftstheorien, nur das strenge Gesetz des *Herrgotts* ist eine Sklavenselbstbefreiungslehre.

Verquält. Aus Qualität entsteht sowenig Quantität mehr wie umgekehrt.

Der Eine Gott schuf andere Götter als Menschenaffen neben sich, die Ihn und bessere Welten zu schaffen glauben, jeder ein Werk eigener Werke.

Ist eine Abhandlung Handlung, Herstellung, Arbeit oder Freiheit von ihr?

Wer es noch nie mit etwas versucht hat, sollte nie den fragen, der es noch nie ohne das versucht hat.

Niederwerfung von Herren glückt nur als Niederwerfung vorm HErrn.

Ein Herr fürchtet mehr Knecht fremder Herren als eigener Knechte zu werden.

Gatekeeping. Stößt der Kopf an eine Sache, erkennt er sie und sich nicht.

Superreich im Himmelreich? Christentum war die Idee, dass der Knecht mehr wert sei als (sein Preis für) die Herren.

Wandelt auf Erden und alles wandelt sich – mehr als durch sesshaftes Tun.

Der Abfall vom Herrn – lass ihn liegen. Befrei dich von Not und ihn nicht von Brot und Kot.

Verlauf dich im Sande der Wüste, wirf ihn ins Getriebe der Verwüstung.

Gibt es nur Sein oder Nichtsein oder auch Remis oder weder Entschieden noch Unentschieden oder Unentschieden, ob unentschieden?

Vom Sehensagen : Sehe ich, *wie* ich dich sehe, sehe ich dich nie und kann nie sehen, *dass* ich dich sehe, wenn ich dich sehe.

Testikel und Augen zeugen von Gottes Schöpferkraft. *Psalm 27* : „Sucht mein Angesicht" und nicht höheres Ansehen.

Epiklese. Wer Heiliges in den Dreck zieht, heiligt ihn.

Oben und unten oder : Wissenschaft & Wirtschaft, Macht & Geld, Recht & Moral, Kunst & Religion : Jedes der *autonom ausdifferenzierten Subsysteme* hat wieder die soziale Klassendifferenz und ersetzt sie nicht, Luhmann.

Demokratie ist jene idealistische Utopie, die sich mit der herrschenden Staatsform verwechselt.

Träumst du die Außenwelt, wie du dein Innenleben wahrnimmst, oder träumst du dein Herz, wie du die Welt siehst?

Was gegen den Bewusstseinsstrom schwimmt, muss nicht unbewusst sein.

„Eigentum ist Diebstahl" an Ihm. Der arme Sünder und Schlucker hoffe auf Güte des HErrn, nicht auf die Güter der Herren.

Es ginge mehr, wenn man mehr ginge.

State of the art. Barbaren oder Banausen, Zwangsehe oder Inzucht, Waren- oder Gedankenaustausch, Akten oder Aktion: The looser keeps it all.

Stell fest, was fliesst, und dein Bewusstseinsstrom trägt die Feststellungen.

Ein Rad drehen als Rädchen oder im Räderwerk? Man ist so frei, Gottes Naturgesetze zu verletzen – um zu sehen, dass sie gelten.

Das 19. Jh. schuf den gebildeten Arbeiter, das 20. den ungebildeten Bürger

Geliebte Dinge, verdinglichte Liebe. Was Großtat, Wohltat, Untat, Zutat, Tatkraft oder Tatsache ist, entscheidet kein Gericht, sondern Geschichte.

Adorno. Was dissonanter Musik an Harmonien im Gemüt fehlt, fehlt negativer Logik an Versöhnung mit der Welt.

Die Unterschicht gilt zunehmend als Unterwelt, verurteilt auf Bewährung.

Unterwelt: Die Neue Mitte nimmt es der armen geschundenen Mitwelt und gibt es der armen geschundenen Umwelt. Man schont die grüne Natur und plagt die menschliche Natur ihrer Bearbeiter.

Das Fußvolk zahlt die schöne neue Umwelt: die Miete treibt ins grüne Umland, Benzinpreis aufs Fahrrad, Wind und Sonne sparen ihm Öl, Strom und Wasser weg – bis es wieder verdreckt im Dunkeln hungert und friert.

„Das wunderbare Sehnen dem Abgrund zu", „Abgrund der verdammten Lust": Der erotische Subtext ist noch kein wirtschaftlicher Hypertext, doch Freuds *Ökonomie des Lustgewinns* machte Lust auf ökonomischen Profit.

Man muß nicht die Natur beherrschen, aber die Sprache, sie zu beschreiben und sprechen zu lassen.

Politik handelt, wenn Beunruhigung mit Unruhen handelt.

Kunstindustrie und Kulturgewerbe sind nicht (schn)öde, weil sie zuviel, sondern zuwenig „bunte Assoziationen und glücklichen Unsinn" *(Adorno)* bieten.

Denken Maschinen inzwischen an und wie Menschen, dann deshalb, weil Menschen schon wie Maschinen denken.

Einst hieß der Mensch unvernünftig, nun heißt es vernünftig, dass er es ist.

Mit „Arbeiter- und Bauernstaat" verschwanden auch Arbeiter und Bauern hinter Sozialarbeitern, Trauerarbeitern, networkers und Biogärtnern.

Habermas – Luhmann. Gegen systematische Integration hilft kein *ausdifferenziertes Subsystem*, gegen totale Desintegration kein Podiumskonsens.

Theorie und Praxis verhalten sich nun eher wie Unmut und (Über-)Mut als wie Demut und Zumutung.

Um sie zu verstehen, steht man *in* der Welt ihr zu nahe, von *außen* zu fern und dazwischen nicht lang genug auf den Beinen.

Arme sind emissionsarme Zwangsökologen.

Hier ist Ernst im Spiel und spielt (uns) mit: Dem Schicksal entgegen stellt sich jeder und kommt doch jeder.

Wer kein Genie wird, litt nicht genug; wer zuviel leidet, wird ein Narr.

Ich muß so vieles – und mich nun auch noch befreien.

Das Licht der Erleuchtung ist eine Flamme, die Armleuchter verbrennt, und wirft keinen Schatten.

Ein System ist die Ausnahme, die den Aphorismus regelmäßig bestätigt: er gehört nicht zum Ganzen, das er umfaßt, und enthält das Ganze, dem er angehört. Die höchsten Ideen sind nicht die tiefsten Wahrheiten.

Fragen eines schreibenden Arbeiters: Wer kann die Zukunft erobern, ohne sie zu verwüsten? Wer kämpft für Arbeitsfrieden, der nicht herrscht, und welcher Befehl gehorcht keinem Gehorsam?

Es war einmal ein Christengott. Nun ist er ein Mensch wie du und ich.

Man spielt mit Kindern – kleinen Leuten wird mitgespielt.

Gut ausgedrückte Eindrücke beeindrucken.

Es kommt in Mode, aus der Mode zu kommen. Wer weder Dichter noch Denker noch Täter ist, vereint alle drei im Aphoristiker.

Christ oder Sozialist: Am weitesten sieht, wer am tiefsten steht.

Wer den Verstand verliert, hat noch nicht Vernunft angenommen, und wer ihn nicht mal verliert, hat ihn schon verloren.

Hörner, die zum Teufel machen, machen auch zum Ochsen.

Gottes Ebenbild schuf sich in Ihm sein Ebenbild, und du wirst nicht zu nichte – nur zu Staub und Asche.

Wer gönnt mir das Recht, auf meine Art im Unrecht zu sein?

Nicht nur *er* wusste, dass Sokrates nichts wusste – als Tausendfüßler nach jedem Beinchen zu fragen.

Gutes oder Böses tut sich besser, wo es sein Gegenteil vortäuscht.

One essence in one sentence. Die halbe Wahrheit übers Ganze ist nicht die ganze Wahrheit über eine Hälfe.

Der eine versteht Erklärungen, der andere erklärt dies Verständnis.

Komm von der Stelle zur Quelle und mach dich zum Narren, um keinem zu ähneln: Ein Rettungsboot kommt sich nicht auf den Grund.

Ist der Mittelpunkt ein Stand- oder Endpunkt? Das All steckt im Nullpunkt und nicht in allem und jedem.

Mach dir vor, dir weniger vorzumachen als (ich) mir.

Bist du die Welle, die dich trägt? Wer keine Grenzsteine verrückt, bleibt grenzenlos verrückt.

Haben wir wenigstens anders gefühlt, als wir zu fühlen haben? Fühl dich wie zuhause – ungemütlich.

Wer Recht haben will, muss sich unterdrücken lassen. Ist das Recht auch leichter zu haben?

Demut ist weder demütigend noch gedemütigt.

Pageturner. Taten trennen, Tatkraft eint: Alle gleich – unten.

Der Reiche frisst Löcher in den Käse, der Arme isst die Löcher.

Wer dir Böses tut, ist dir böse und ist dir gut, weil er dir Gutes tut.

Der Weise weist Beweise ab. Ein bisschen Gewissheit über Gott steckt in jedem menschlichen Gewissensbiss.

Das Recht und die Freiheit ist das, was man sich nimmt – vom Nächsten.

Demokratie ist eine überwältigende und schweigende Mehrheit, doch was ist ungebildeter als demokratische Willens- und Meinungsbildung?

Die Frau ist ihrer Schwächen mächtiger, der Mann seiner Stärken nicht gewachsener.

Infaustregeln für Faustkeile : Klar und unwahr. Unklar und halbwahr.

Eine *unsichtbare Hand* des Marktes wäscht die *eiserne Faust* des Staates.

Warum gibt es überhaupt etwas und nicht nichts – Besseres und Schöneres und umsonst? Der HErr hat's gegeben, der HErr hat's genommen, der Mensch hat's unbenommen vernommen.

Klugstapler. Diebe lassen sich schwerer bestehlen.

Denk an deine Gedankenlosigkeit! Am Anfang ist der Ewige, am Ende Unendliches, doch das Ende eines Satzes sein Gegensatz.

Es ist die Regel, dass es (unvernünftige) Ausnahmen gibt, und die Ausnahme, das es (vernünftige) Regeln gibt.

Ist ein Christ so dumm, nichts von sich wissen zu wollen? Kämpf gegen dich, dann kämpft Er mit dir.

Wer sagen will, was ein Witz ist, ist einer.

Zu großen und zu kleinen Künstlern kauft man ihre Käuflichkeit nicht ab.

Heilsam verletzt wirst du kränkend geheilt.

Beschwer dich darüber, dass niemand sich beschweren kann – bei Gott.

Ein Standpunkt, der nicht aneckt, ist der winzigste Gesichtskreis.

Ist es gerecht, dass der kleine Mann kaum großes Unrecht tun kann?

Ein Vergrößerungsglas verkleinert: Der Unterdrückte wirft ja dem Unterdrücker vor, ihn nicht auch unterdrücken zu können.

Der Kampf ums Bessere macht böser, der Kampf ums Schlechtere schöner.

Gott ist allmächtig, allwissend, allumfassend, allgegenwärtig und allgütig. Who is GOd? No-body.

Wer Geld anderer Leute klugredet, ist noch kein Ökonom.

Gemeinplatz: Originell ist, wer über Selbstverständlichstes spricht, als wär es das Unverständlichste, und v. v.

Ein „Schwarzes Loch" ist das sinnvollste Paradox des Alls, und nichts ist kraftloser als die Größe des Alls: Man zerlegt Mutter Natur nicht in immer kleinere Teilchen, sondern in immer größere Kräfte.

Der Nächste, bitte! Liebe deinen Nächsten wie dich selbst – er kommt nach dir.

Wer dahinterkommt, kommt später als ich und ist hinter mir her.
Psychiatrie ist das, was immer hinter Paranoikern her ist.

Erfolglose können zu gut sein, Erfolgreiche müssen zu schlecht sein.

Aus dem Weltraum flieht die Lebenszeit, aus dem Zeitraum der Geist – in den Kinderspielraum. Es kann nicht ewig so weitergehen – man stirbt.

Auch was Kraft verleiht, hat eine Leihfrist.

Versuchung geht nun eher aus vom Guten als vom (Ge)Schlecht(lich)en.

Evolution : Leben kommt von Totem, indem es zu Tode kommt?

Der Mensch machte sich zu Gottes Ururenkel, der Sein Testament anficht.

Ungezogene sind Verschobene. Als Sünder gilt jetzt eher Geist als Geld, und dass Sex nichts mit Moral zu tun hat, glauben auch Christen.

Der Tod lockt Getriebene mit ewigem Frieden und schreckt Seßhafte mit ewiger Bewegung.

Gesellschaft ist Rache an der Mathematik, Logik Rache an der Geschichte.

Moral heißt: Sei gut zur Kuh, damit sie besser schmeckt, sei gut zum Pferd auf daß es besser zieht und rennt.

Menschenaugen betrachten, was Kameraaugen sehen – als sähe man seine Netzhaut. (Individuen sind Freiheitsgrade von Allgemeinbegriffen u. u.)

Welcher Aphorismus ist in Hegels spekulativem System gut *aufgehoben*?

Geist steht stets vor vollkommenen Tatsachen: Platon kam mal auf die richtige Idee, warum Leute so oft auf falsche Ideen kommen.

Der Bedächtigste kommt am schnellsten an, und wer stehenbleibt, ist überall zugleich.

Cogito, ergo sum. Deus est, ergo cogito. Er (ver)braucht jeden und ist Vorbild für keinen. (Das All ist ein Idyll, das Quark eine Satire darauf.)

Ein Aphoristiker, der nicht wenigstens einmal im Leben ein komplettes System sich ausdenken kann, hat eine déformation professionelle und sollte Aphorismen richtiger Systematiker herausfordern.

Auf frischer Tatsache ertappt. Wo Fensterscheiben spiegeln und Spiegel zu Fenstern werden, flüchtet Selbsterkenntnis vor Weltbildern und Weltanschauung vor Selbsterforschung.

Der Geist will Macht, sie zu töten. Sie hat die Macht, ihn zu töten.

Religion kann unsachlich sein, doch Sachlichkeit soll Ihn verbergen.

Wer Enthaltsamkeit fördern will, fördert Porno-Industrien.

Man sucht Welten und findet Waren; man sucht Waren und findet Weltanschauungen.

Lebt, wer geistesgegenwärtig nichts wiederholt und vorwegnimmt?

Christlich : Das Wort wurde (nichtssagendes und verdammtes) Fleisch. Es gibt nur *einen* Menschen. Einen von vielen.

In Wirklichkeit ist die Wahrheit, in Wahrheit ist die Wirklichkeit anders. Erkenntnis wäre eher Surrealismus der Realität als Wirksamkeit der Werke

Wer nichts hat, hat auch kein Recht, und wer Recht hat, hat nichts sonst.

Das Trachten nach Oben macht eher niederträchtig als einträchtig.

Heute soll es überhaupt kein moralisches Sollen mehr geben. Moralisches Tun demoralisiert andere; unmoralisches auch.

Wer nicht nach dem Sinn des Lebens fragt, erlebt nicht nur Unsinn: Hat die Sinnlosigkeit den Sinn, die Sinnlosigkeit des Todes sinnlos zu machen?

Éin leeres Leben wird für voll genommen wie ein Abgrund.

Du lebst in einer Zeit, die keine hat; du lebst ewig.

Wer aus seinem Leben weniger macht, macht sich mehr Todesangst.

Ganz Neues erklärt man nicht durch ganz neue Worte dafür.

Die Revolution wurde längst zum Feigenblatt der Konservativen und ihrer Konversation, zum sichersten Mittel der Reaktionäre.

Einbildungskraft kann man sich auch einbilden. Meine Urteilskraft kann ich nicht beurteilen.

Alles Scheiße und nichts beschissener als dieser Satz.

Wen man nicht zu seinem Knecht macht, den macht man zu seinen Herrn.

Der Mensch ist das, was er aus sich macht, Sartre hat recht, doch um aus sich (und sich daraus) etwas zu machen, muß er schon ein Mensch sein. Er tut viel Gedankenloses und macht sich über seine Untätigkeit Gedanken. Als einziges Wesen läßt er sich jagen von dem, was er sich vornimmt. Man tut sich wichtig und nichts Wichtiges. Recht ist kein Ausgleichmacher.

Vergeht das Übel der Vergänglichkeit mit der Vergänglichkeit der Übel?

Wer hat mehr Verstand, als ihn bei sich nicht zu vermissen?

Absolut wahr? Auch über absoluten Irrtum kann und muss man sich irren. Wie wahrscheinlich ist nun die Wahrscheinlichkeitstheorie?

Jeder sollte wenigstens so aussehen, wie er sein sollte.

Jedermann stellt fest, dass alles sich verändert oder ändern muss, was sein Schöpfer festlegte. Jeder ist nicht einmal mehr als einmalig – außer Ihm.

Wer ist auch nur so frei, sich frei zu wähnen?

Konzentration ist immer noch die beste Zerstreuung, wenn man sich nicht auf diese konzentriert.

Nichts Zweckmäßigeres als Sinnlosigkeit: Was Sinn macht, ist zwecklos.

Kleine Zufälle sind immer geplant und machen große Pläne.

Man weiss heute fast alles, nur nicht weiter.

Große Kunst ist so selbstverständlich banal wie unverständlich dunkel.

Lass dich von Neureicheren plündern und plündere Geistreichere.

Im Garten Eden wurde nichts angebaut noch auf- und abgebaut.

Das Geheimste ist das, was jeder kennt; was keiner kennt, liegt offen.

Wer geliebt werden will, gibt sich nie als glaubwürdiger Masochist aus.

Je billiger alles wird, desto weniger Geld bekommst du, es zu kaufen; je mehr du bekommst, desto teurer wird alles.

Mit Dreckspatzen auf Sportskanonen: Wahrheit ist ein Urteil über eine Realität, die lügt und betrügt, täuscht und enttäuscht, irrt oder irre ist.

Familienleben ist steter Wechsel von Kinderpflege zu Altenpflege.

Erfahrung am eigenen ausgefleischten Geist. Grenzen stehen auf beiden Seiten zugleich, Auswege liegen auf höheren oder tieferen Etagen.

Graue Zellen denken schwarzweiß wie der graue Alltag.

Ewige Suche nach der Wahrheit ähnelt der Flucht vor ihr.

Auch Weltbilder stellen und erfüllen Rahmenbedingungen.

Wissen trennt, Unwissen eint. Durch Wissen vereint man sich nicht mit der Welt, sondern wehrt sich gegen sie.

Ein Elementarteilchen ist für Physiker die bessere Hälfte des Alls, und das Wissen gewinnt langsam die Ordnung, die das Weltall seit langem verliert.

Mut ist tätiger Unmut, Fanatismus feiger als Treue und Toleranz – und Melancholiker als Sanguiniker.

Vergib, daß ich dir verzeih. Finde jede Eigenschaft eigenartig, auch Eigenheim und Eigenlob der Unartigen.

Ein Begriff faßt zusammen, was sich auflöst. Wer weiß, denkt nicht. Wer denkt, weiß nicht. Wer denkt, daß er weiß, der weiß, wann er denkt.

Wahlurnengrab. Die moderne Form der Unfreiheit ist Wahllosigkeit.

Aus Schaden wird man klug – oder aus Mangel an Dachschaden.

Der himmelhöchste Turm beginnt mit dem tiefsten Erdloch.

Wandert oder seid bewandert!

Die längste Leine trägt die Freiheit.

Es gibt nur das Gute und die Bösen.

Der Mensch ist ein Chaos mit Knochengerüst oder ein automobiler Stein.

Philosophie ist kluge Phantasie: Vorwissenschaftlichkeit im Sonntagsstaat.

Dein Leben hat wenigstens einen Sinn für deine Ausbeuter.

Faulpelze sind gesellschaftlich aktiv, Fleißige neigen zur Kontemplation.

Sozialphysik : Massen sind träge Widerstände gegen Bewegungsänderungen, ziehen runter und sich an.

Luther schaute dem Volk erst aufs Maul und haute es dann übers Ohr.

Sadisten sind die nützlichen Idioten der Masochisten.

Moral wird immer gern verachtet, weil das gemeine Volk moralisch denkt.

Praktiker sind Leute, denen die Wahrheit viel zu theoretisch ist.

Frei sein heißt tun können, was uns ausgewählt hat.

Die kleinste Untätigkeit, die keine Tätlichkeiten plant, gilt als größte Untat

Seit ich ohne mich leben kann, sind alle viel netter.

Gott ist allmächtig und sein Ebenbild zu allem fähig.

Werde endlich aktiv, damit niemand merkt, wie wenig du weißt.

Das Interessanteste an den Zehn Geboten ist, was sie alles *nicht* verbieten.

Sein Amerika findet nur jeder, der sein Indien sucht.

Die Mächtigen der Welt verbessern stets die Welt – der Mächtigen.

Ein Individualist widerlegt als erstes seine Anhänger.

Was man nicht gern tut, ist deshalb noch keine Pflicht.

Triff deine Entscheidung, bis sie fällt. Manches geschlossene Gedankengebäude ist nur der Schlüssel zu einem größeren.

Es gibt auf der Welt schon viel zu viele Kinder. Alle, die zu wenige haben.

Gott sprach vom Fluch des Ackerns, nicht vom Segen der Industrie.

EurOpa. Kultur soll heute schon darin bestehen, sie lauthals zu vermissen.

Kunst, die ihre Interpreten nicht interpretiert, hat ihre Deutungen verdient.

Ohne herrschende Stände herrschten die herrlichsten Zustände.

Viele Reden verhüllen nur das Schweigen, in das sie sich hüllen.

Industrieller ist, wer auch fleißigen Handwerkern das Handwerk legt.

Ich vermisse Protestbewegungen gegen die allgemeine Homogentechnik.

Wer arme Teufel für sich arbeiten lässt, arbeitet für den reichen Teufel.

Gegebenheiten sind meist Gestohlenheiten.

Lichtjahrmilliarden sind der astronomische Spitzname des Schöpfers.

In vielen Ehen holen Frauen den Widerstand gegen ihre Verführer nach. Ist die Liebe erkaltet? Alte Ehepaare machen sich nur die Hölle kühler.

Vereine aller Länder, vereinigt euch gegen die Einzelgänger!

Was vorgestern wirklich passiert ist, erfährt man nur von Propheten.

Lebenserfahrung ist Wissen, wie der Igel läuft. Sprache und Mimik wurde uns gegeben, um unsere Gedankenlosigkeit nicht verbergen zu können.

Wer nicht übers Ziel hinausschießt, erschießt es.

Wir sind auf Erden so frei wie der Vogel im Himmel gefangen.

Ein Philosoph hilft auf die Ursprünge und gibt Prügelknaben Denkanstöße.

Das böseste Mittel, um Mitmenschen zu beschämen, ist Güte.

Komm mal zur Sache und zu Bewusstsein und nicht immer nur zu dir!

Das sicherste Mittel gegen Todesangst war immer Mordswut.

Selbstbeherrschung ist die einzige gesetzlich erlaubte Tierquälerei.

Atombomben beruhen darauf, dass es keine A-tome gibt, und unkritische Massen, dass es keine In-dividuen gibt.

Spieler ist nur, wer lieber verliert, als gar nicht spielt.

Granitbeißer sind Anti-Vegetarier, die Mitleid auch mit Pflanzen haben.

Moderne Gewissheiten sind oft Ohropax gegen die Stimme des Gewissens.

Nur meine Eigenliebe leugnet, alles bloß aus Eigenliebe zu tun.

Schuetts Tierleben. Ein Fuchs, der sich in eine Gans verliebt, ist ein Esel, und ein kleiner Fisch, der nur Angelhakenwürmer frisst, ein Riesenkamel.

Neurotiker sind Widerstandskämpfer, die für ihre Widerstände kämpfen.

Wer will für Tugenden belohnt werden durch die Erlaubnis zu sündigen?

Arbeiterklassenprimus. Bürger kommen auf Ideen, Proletarier dafür auf.

Dialektik heißt: Hegel macht aus jedem Individuum viel zuviel *Aufhebens*.

Der Vorwurf, ein Vorwurf sei hyperkritisch, ist meist hypokritisch.

ABC & Einmaleins der *Prolls*: Sie schreiben sich ab, lesen im Kaffeesatz, rechnen mit dem Schlimmsten und zählen nicht, aber zahlen.

Am ältesten werden Menschen, die ihre Pubertät nie erreichen.

Kultur verschafft schon jedem den Schund und nicht nur das Recht darauf.

Revolutionen sind Reformfehler und Kommunisten Underdogmatiker.

Marx wollte Unerkennbares verändern, bis Unveränderliches erkannt war. Ein Sozialist ist nun, wer aus dem Antikapitalismus Kapital schlägt, und bliebe aktuell, wenn Arbeiter sich das alles selbst ausgedacht hätten.

Ihr praktiziert eine Weltanschauung, indem ihr an Welteroberung denkt.

Selbsterkenntnis ist erträglich als Nasenlänge vorn im Konkurrenzkampf.

Adam und Eva *erkennen* sich nicht, seit Liebe nicht mehr blind macht.

Volkshochschule? Die Mutter jedes Katheders war eine Kathedrale.

Reine Mathematik, die nicht auf reale Dinge zählt, ist Größen-Wahn.

Angst, verlassen zu werden, ist oft Angst vor dem Wunsch zu verlassen.

Wo es Rahm abzuschöpfen gibt, steigt die Zahl der schöpferisch Tätigen.

Die Form ist im Denken die Hülle des Stoffs – umgekehrt in der Mode.

Kollektive Stallwärme verbreitet sich schneller als das Licht der Vernunft.

Praxis ist Getue mit Prädikat. „Literatur der Arbeitswelt" will den Arbeiter von allem befreien – außer von der humanisierten Fabrikarbeitswelt.

Menschen werden alljährlich zu Millionen abgetrieben und Romanfiguren zu Tausenden erschaffen.

Handeln heißt heute handarbeiten lassen, und Denken heißt Köpfen.

Dass einer schon immer zurückgezogen lebte, steht ihm gut erst im Alter.

Wichtiges belastet, Unwichtiges belästigt. Gewichtsabnahme gibt heut das Geistesziel ab, und die wichtigsten Werte der Praxis wurden Laborwerte.

Sei zu klein, um zu herrschen, und zu groß, um beherrscht zu werden. (Ausnahme : Selbstbeherrschung)

Entfesseltes Untier oder angepasster Spießer: Verhält sich nun ein Patient skandalöser vor oder nach der Psychotherapie?

Tugenden wären attraktiver, gälten sie für rarste Heldentaten und Untaten für billigsten Massentand.

Einst stritt die Poesie der Herzen wider die Prosa der Welt, nun kämpft die Poesie des Kosmos gegen die Prosa der Köpfe – immer vergeblich.

Die Gesellschaft ist die Krebszelle der Familie, und Demokratie wäre die Herrschaft von Familienvätern über Landesväter.

Ehe : Sie ist ihrer Schwächen mächtiger als *er* seinen Stärken gewachsen.

Der Kopf gewinnt langsam die Ordnung, die das All seit Anbeginn verliert

Paradoxie ist die Form, in der Theorien praktisch, Abstraktionen konkret, Normen normal und Ideen realistisch werden.

Der Mensch als das Maß, das er nicht hat, wird *vermessen*. Lateinisch „liber" heißt frei *(vrai)* und Buch zugleich.

Baum der Erkenntnis : Wissenschaft von Landschaft ohne Landwirtschaft.

Eva ist lieber mit dem Betrieb verheiratet als für ihre Familie zu arbeiten.

Platons Erbe : Was wir mit Leib und Seele tun, tun wir kopflos, und was der Kopf tut, ist sein Leib- und Magengericht darüber.

Fortschritt heißt : Alle Menschen werden Big Brothers.

Erfolgloses kann, Erfolgreiches muss schlecht sein.

Theologie als forsche Wissenschaft vom Unerforschlichen ist oft Unwissen vom Erforschlichen.

Um im Leben zu stehen, genügt es nicht, den Geist als Gespenst zu sehen.

Nur aus dem Zusammenhang Gerissenes steht in seinem Kontext.

Die Mitte zwischen Best-seller und Best-teller sind deren Besteller.

Nach dem Lebensweg ist das Leben weg, und am Ende ist dir der Standpunkt zu groß, dass die Unendlichkeit des Alls zu klein ist.

In den Tag hineinleben, in die Nacht hineinsterben? Der Mensch hat nicht Intellekt statt Instinkt, sondern eine unverkopfte Nase fürs Köpfen.

Meinungsaustausch : austauschbare (Ent-)Täuschungen.

Bürger bringen es eher zum Hof- und Schwertadel als zum Geistesadel.

Vor mir sind alle so gleich wie nach mir, und aufgeräumt wirkt, wer alle(s) durcheinanderbringt.

Der Schlüssel zum Glück ist in der Hand schon im Schloß.

Wer immer nur der Dumme ist, muss nicht immer der Klügere sein.

Aphorismen zur Naseweisheit riechen den Satansbraten im Engelsrock.

Die Gedanken sind frei, die großen Denker im Abseits oder Jenseits.

Den meisten Staub der Weltgeschichte wirbelten verstaubte Werke auf.

Mehr als zu 90% Leere : der Weltraum, ein Atom und mein Kopf.

Der Allerwerteste ruft nach mehr Werten, und halte die Werte hoch, damit jeder das auch sieht.

Freud befreit mich von seinem Komplex, dass Religion mein Komplex ist.

Bildung ist das, was übrigbleibt, wenn man sich an alles erinnert, was man auf der Schule verlernt oder nie gelernt hat.

Leben : Der Nachfahre steht vor uns, und der Vorgesetzte sitzt im Nacken.

Der Selbstmörder war es müde, nicht zu leben.

Linke leben nun in der arbeiterklassenlosen Gesellschaft und verfolgen die Reichen noch in den Geistreichen.

Für mehr Freiheit werden immer neue Anstalten gemacht.

Hoffnung ist mehr als stete Wahl zwischen Lebensangst und Todesangst: Christ, muss der Ewige für deine Unsterblichkeit ewig qualvoll sterben?

Der beste Griff nach den Sternen ist ein rechter Begriff von den Sternen.

Manches Schicksal ist tragisch genug für ein geschicktes Lustspiel.

Gleichschritt, Sturmschritt und Fortschritt auf Stelzen hemmen den aufrechten Gang wie Besitz und Geldanlagen.

Sicher bist du vor mir erst, wenn die Grenze deiner Möglichkeiten auch die ebenso unbekannte Grenze meiner Möglichkeiten ist.

Die Elite will Freiheit für alle(s), das Volk nicht.

Arme bleiben die vielen Kinder, die sie nicht mehr aufziehen, und Reiche die vielen Lasten, die sie nicht mehr tragen.

Von Europa wurde Amerika 1492 nicht entdeckt und 1776 nicht befreit.

Gaben & Gifte. Adam und Eva waren ungeborene Schlangenbeschwörer.

Wer seine Verdrängungen rationalisiert, verdrängt auch seine Vernunft.

Schmutzige Gedanken als ungeklärte Fragen. Alle wollen heute *sich selber finden*. Ich suche sie nicht mit; ich weiss, wo sie sind.

Du stirbst nicht erst beim Weltuntergang; die Welt geht unter, wenn du stirbst.

Konkurrenzkampf? Den Existenzkampf führt man gegen sein Leben.

Zerstreuungen sind das, was noch nicht zum Professor macht.

Ohne weiteres ins Weite

Liebe ist, wenn mein verletzlichster Punkt dein Kopf ist.

Meine ganze Weltanschauung schaut so aus, dass die ganze ansehnliche Welt mich und mein Ansehen anschauen soll.

Nach Platon kopieren die scheinbaren Dinge nur die unscheinbarsten.

Eheliche Unterhaltsforderungen : Enttäuschte Unterhaltungsforderungen.

Gene und Umwelt bestimmen mich – das Gegenteil zu tun. Auch wenn sie schon Gegensätze sind.

Ist es gerade Mode, nicht Sex zu haben, oder sexy, nicht trendy zu sein?

Mut tut nur, was er nicht kann, oder tut etwas nicht, nur weil er es kann.

Leben heißt : Man hütet das Feuer und sich vor ihm zugleich.

Wer kann selber Gutes tun, wenn Gutes tun heißt: sich selbst überwinden?

Waren Früchte vom Baum der Selbsterkenntnis auch verboten?

Herrkunft. Ist Gott tot, werden normale Taten nicht länger an Normen, sondern die Normen an unseren Untaten gemessen.

Das Allgemeinmenschliche in der Welt wird gestürzt von kleinen Banden und gestützt von Großfamilien.

Eine gute Idee ist ein nicht gut genug ausgedrückter Aphorismus.

Nach dem Sozialismus ist Konsumboykott oder Produktionssabotage kein Maschinensturm im Wasserglas.

Jugend : vital und dummdreist. Riskante Praxis, bequeme Theorien.
Alter : altklug und rappelig. Kleinmütige Praxis, gewagte Theorien.

Schlagende Beweise – Weisheit von Schlägern.

Armen wird vorgeworfen, keine Bio- und Fair-Trade-Waren zu kaufen.

Beschlagene Geschlagene. Intellektuelles allein kann sesshafte Städter und Bauern wieder *auswildern* zu Indianern und Mongolen.

Poesie macht aus der Wand keine „Wand", sondern aus dem „Wald" einen Wald.

Die liberale Gesellschaft zeigt unbegrenzte Toleranz für Erniedrigte und Beleidigte, Mühselige und Beladene, Notleidende und Habenichtse.

Wann nimmt Außerirdisches Kontakt mit uns auf, fragt der Aufgeklärte, der an Unterirdisches mehr glaubt als an Überirdisches.

Metaphysik, Metallphysik. Jede Hochkultur verläuft sich im Wüstensande, und ihr ist jedes freie Individuum der Dreck, den es beseitigen soll.

Das Gesetz des Fortschritts ist das Trägheitsgesetz: Gutes durch Widerstand stärken und Böses durch Nachgeben schwächen.

Der Christ wehrt dem Guten, um es zu stärken, doch nicht dem Übel, um es nicht zu stärken.

Die Freiheit schützt Reiche immer, das Gesetz die Armen immer seltener.

BRD. Seit kein Sieger uns mehr *zur Freiheit verdammt,* begnadigen wir uns wieder zu *freiwilliger Selbstkontrolle.*

Geschichte : Rächten Christen den Indianer, als sie die Inkas ausrotteten?

Alle wollen Frieden, doch im Frieden schaffen wir Werte, die andere beiseiteschaffen : Gottes Güte befreit uns, indem sie die Güter zerstört.

Religion befreite uns vom Glauben, frei zu sein, wenn wir uns frei fühlen. Hirnforschung hinkt hinterher.

Was du willst, dass man dir tu, will der andere vielleicht nicht, dass man ihm tu, und was du mir nicht tun sollst, das soll ich ja vielleicht dir tun.

Vom unbeschriebenen Blatt sagt der Baum nicht viel mehr als der Wald.

Kneift, Leute, macht mit!

Paria, Penner, Bettler, Bummler, Outcast, Faulpelz, Obdachloser, Stromer, Streuner, Landstreicher, Schnorrer, Prekarier, Taugenichts, Habenichts, Tagedieb, Tippelbruder, Saufbold, Tramp, Klinkenputzer, Lumpenpack, Lumpenproletarier, Lumpensammler, Lumpengesindel, Knacki, Knoten und Straubinger, Bohème, Eckensteher, Arbeitsloser ...

Gerechtigkeit: Wer nicht Herren dient, die zu nichts dienen, verdient nichts

Nichtsnutznießer. Jedes Menschenkind kann den Tod als Wiedergeburt erleben, da es die Geburt als Sterben erlebte.

Man entstammt seiner Familie und wird von seiner Gesellschaft entwurzelt

Nur der Krieg macht Arme nicht ärmer, nur verlorene Kriege machen mehr Reiche als Arme ärmer.

Menschenrechte haben nur Individuen, die keine sind, sondern emanzipiert von familiären Emanzipationsbedingungen.

Auch wer sich dauernd beschwert, kann fliegen.

Probleme werden gelöst wie Knoten, Rätsel geknackt wie Schlösser und Geheimnisse gelüftet wie Betten.

Knechte müssen ihrem Herrn beweisen, dass er es gut mit ihnen meint.

Gnade für mich, Gerechtigkeit für alle andern!

Ungerechte ungerecht zu behandeln, heißt nicht zurecht gerecht.

Ein leerer Kopf ist voller kluger Köpfe.

Eigenliebe wird nicht immer erwidert.

Ist der Forscher Atheist, wird's auch der Teflonpfannenbenutzer.

Hochkultur ist der Gipfel der Drückebergsteiger.

Über-Ich : Widerstandskämpfer gegen Unterdrücker

„Er gehört zu den allerliebenswürdigsten Erscheinungen der deutschen Dichtung. Geßner war einmal eine europäische Berühmtheit. Es wird nicht besser werden in der Welt, ehe es Geßner nicht wieder ist. Wir werden erst dann ewigen Frieden haben, wenn arkadische Dichter wieder wahrhaft populär geworden sind." (*Klabund:* „Deutsche Literaturgeschichte", 1920)

Schenke einem Kind das Leben, das dir mißlingt.

Kann man Partei ergreifen, ohne von Bonzen ergriffen zu werden?

Die Kraft reicht aus, Pech zu ertragen, nicht Glück zu erjagen.

Kreativ ist, wer andere Märchen erzählt, als ihm erzählt wurden.

Potemkinsche Christen lassen die potemkinsche Kirche im potemkinschen Dorf, und Geld regiert die Welt nie als Tyrann.

Der Pädagoge heute kopiert seine Nachkommen, die ihn nicht nachahmen.

Konzepte der Praktiker sind so viel wert wie Rezepte der Theoretiker.

Überleben? Schriftlich in Stein hauen, mündlich in Stücke hauen.

Selbstbestimmung ist Selbstvermarktung ist Selbstversklavung heute.

Frömmigkeit ist verpönt, weil sie fundamental(istisch)ere Sozialkritik ist.

Kanon oder Kanonen. Sinn sucht und hat nur ein Mittelstandsleben, nicht das Elend seiner Knechte und der Luxus seiner Herren.

Wer vor allem sich selber finden will, will Erstbestes gut finden.

Wer von Ungerechtigkeit frei werden will, muss auch die Natur loswerden.

Je mehr Selbstverantwortung für dich, desto mehr Antworten vom Coach.

Armselig sind die Friedfertigen, geschlagen in allen Produktionsschlachten

Nebensätze ohne Hauptsätze

„Nur Gutgesagtes kommt auf die Nachwelt."

Nur Weltuntergangstheorien schieben ihn auf.

Es ist heute leichter, sich zu befreien, als Befreiungstheorien zu verstehen.

News verjüngen nichts; sie altern schneller als wir.

Wer Entfremdung bekämpft, kämpft nicht für Inzucht.

Der soziale Urkonflikt tobt zwischen Allgemeingültigkeit, geltender Allgemeinheit und allen gemeinen Ichs mit Geltungsdrang.

Fällt dir mehr ein oder siehst du mehr ein?

Man reift nicht mehr durch Schritte, man wird durch Chocs entwickelt.

Unsterbliche Kunst erhöht Lebensqualität, indem sie Lebensqual verewigt.

Hing der Himmel jemals voller Geigen von Zukunftsmusikern? Die Hölle hängt voller erster Geigen.

Man krepiert nicht mehr, man partizipiert an Apokalypsen.

Ein Quäntchen Zufall in geschickten Plänen macht noch kein Schicksal.

Was Hand und Fuß hat und auf eigenen Beinen steht, stößt vor den Kopf.

Die uns das meiste zu sagen hätten, haben gerade nichts zu sagen.

Recht : Die Freiheit des Armen endet dort, wo die Freiheit des Reichen beginnt – nicht umgekehrt.

Überzeugung setzt sich durch, wo Sichdurchsetzen überzeugt.

Man gibt viel (auf *sich*) und nimmt wenig (*auf* sich).

Entwurzelte Etymologen : Empörung kommt nun vom Emporkömmling.

Nothing succeeds like failure. Mit vierzig Jahren sah ich mich als alten Mann, mit siebzig, als hätte ich noch kaum gelebt.

Fortschritt ist Kampf gegen ihn oder herablassendes Mitleid mit Toten.

Philosophie ist der Gedankengang zum Lebenslauf in Gedankengebäude.

Bilder, auch Weltbilder, verdecken gern, dass sie Unsichtbares verdecken.

Pater pauperum. Es genügt nicht, den Armen zu helfen, man muss auch unfähig sein, dabei reicher oder ärmer zu werden.

Man sucht und verfehlt heute hohe Gefühle und niedere Gelüste zugleich.

Die Zeit vermisst ihre Leuchttürme, als wären es keine Elfenbeintürme.

Viele lassen sich *aus* freiem Willen so quälen wie *von* ihrem freien Willen.

Wer nichts richtig verdaut, baut Scheiße noch beim Scheißen.

Wer was zu gewinnen hat, riskiert oft mehr, als der nichts zu verlieren hat.

Aphoristiker bekämpfen stets den (antiken) Aphorismus: „Wir haben das Meer gepflügt."

Kinder werden von Eltern bezahlt, Alte von allen.

Ein tiefer Gedanke, der uns zu hoch ist, ist mehr und anderes als ein tiefes Gefühl, das er zuweilen verbirgt.

Wie hinterhältig ist *Nachhaltiges*, wer durchschaut die neue *Transparenz*?

Kepler? Ursprünglich wollten astronomische Prognosen nur astrologische Prophezeiungen verbessern.

Moderne Ehrlichkeit gibt Unehrlichkeit offen zu.

Kultur muss nicht durch Muße und kann nicht ohne Muße wachsen.

Je mehr *der* Mensch kann, desto weniger kann *jeder*mann.

Überanstrengung zu vermeiden, fordert dieselbe schwere Anstrengung, wie mühelose Leichtigkeit zu erreichen.

Am Gewissen duldet man nur noch die innere Stimme des BGB und StGB.

Kindisch werden nur Alte, die immer schon Kindsköpfe waren.

Nächtliche Träume müssen so langweilig sein, dass man nicht aufwacht, und dürfen nicht so langweilig sein, dass man entschläft.

Väter machen ihre Söhne nicht mehr zu möglichen Vätern und versagen – ihnen alles oder nichts.

Falsches will man, Irres darf man, Schönes soll man, Böses muss man, und Gutes kann man tun – wenigstens sein Bestes.

Es braucht Zeit, vieles nacheinander zu ergreifen, doch keine Zeit, dessen einen Begriff zu erfassen.

Mit den Göttern verlieren nicht nur Künstler ihre Unsterblichkeit.

Man sammelt Erfahrungen, um sie zu tauschen, abzuheften, auszustellen.

Am hartherzigsten sind die Herzlosen.

Schlag die Zeit nicht tot, bevor sie vergeht.

Wenn der innere Schweinehund, der im offenen goldenen Käfig sitzt, nur auf den Hund käme!

Der Mensch unterscheidet sich von Tieren durch seine Untaten und von Robotern durch seine Fehler.

Ein Autor hat vor sich nicht das unbeschriebene Blatt, das er selber ist.

Der bloße Geist ist nicht im Norden, weil das nackte Leben im Süden ist.

An Ebenbildern stärkt sich, wer an Vorbildern sich rächt.

Der Unterschied zwischen Menschen liegt in ihrer bloßen Ähnlichkeit.

Mein Weltbild ist eine Kopie nicht der Welt, sondern deines Weltbilds.

Der Wolf hütet die Schafe vor dem Menschen.

Man stirbt *an* dem, *für* das man nicht stirbt, sondern lebt.

Ein schlechter Entdecker ist noch kein guter Erfinder und ein schlechter Schriftsteller noch kein guter Buchhalter oder Schriftsetzer.

Eine gute Theorie ist der Sieg der festen Wahrheit über die gängige Praxis.

Recht bekommt von uns, wer es uns recht macht.

„Nachher ist man immer klüger" – wenn man nicht klug ist.

Ohne Kinder bleibt die Liebe auch nicht ewig jung, aber kindisch.

Sozialismus war kein Weg vom Mitbürger zum Mitarbeiter, doch rechte Proleten sind Spießbürger, linke Bürger Spießarbeiter.

Wo das Fahrrad das Auto ersetzt, ersetzt es auch das Wandern.

Es ist Schicksal, seins nicht zu kennen. Lass dir Grenzen setzen, um deine nicht kennenzulernen!

Man deckt, was man nicht aufdeckt.

Mitsprachepflicht gilt als demokratische Gewohnheitspflicht.

Wer sein Gesicht verliert, muss keine Maske tragen.

Man befreit sich von einem Herrn, um sich einen herrlicheren zu suchen.

Kommt der Tierschutz ohne Pflanzenversuche aus und der Götterschutz ohne Menschenversuche?

Tiere leisten überpflanzlich Untermenschliches, Menschen Untergöttliches und Pflanzen Übersteiniges.

Der Wähler gibt seine Stimme ab und verstummt.

EQ. Schlaumeier entscheiden aus dem Trojanischen Bauch heraus.

Aphoristiker übertreiben doppelt, um Halbwahrscheinlichkeit zu erzeugen.

Abhängigkeit und Einheizen eint, Selbständigkeit und Tiefkühlen trennt.

Um Satan nicht zu beschwören, zermalmte Kant keinen Teufelsbeweis.

Ist es mehr als Wunschdenken, dass es nicht mehr als Wunschdenken gibt?

Unterschenkel unterm Unterleib. Unbewusstes verhält sich zu Unterbewusstem wie Unordnung zu Unterordnung.

Wer keine Geheimnisse hat, gibt mehr Rätsel auf.

Durchblick sieht nichts ein, und Einblick durchschaut nichts.

Mehr Sachgefühl und Schamverstand, bitte. Zuviel Vernunft verliert den Verstand, zuviel Einverständnis nimmt Unvernunft an.

Wer außer Sartre hat verdient, dass er das Leben hat, das er verdient?

Lieber Kosmologie als Kosmetik, lieber Chaostheorie als Chaoten?
Gute Märchenonkel lauschen nun bösen Märchennichten.

Kurze Sprüche machen Hals über Kopf um mindestens einen Kopf länger.

Zahnlosen Künstlern wollen nicht die Zähne eingeschlagen werden.

Auch wer den Fluss überschreitet, tritt über seine Ufer, doch wer ins Schwimmen kommt, hält schlechten Einfluss in Fluss.

Das Christentum lächelt schon lange über seine Tugendsünden.

Das andere Geschlecht ersetzt vorher oder nachher die Schlaftablette.

Kopfverdreher, Kopfzerbrecher

Auf wen du stehst, der liegt dir.

Auch meine Verständnis- und Gedankenlosigkeit können neunmalsmarte Computer inzwischen simulieren.

Lass es dir gesagt sein, dann hast du auch was zu sagen.

13. Feuerbachthese: Die Welt wurde so verschieden verändert, dass sie nur noch unphilosophisch zu interpretieren ist.

Arrivierte Künstler sind zerrissene Menschen und gerissene Leute.

Habt alle heißen Eisen im Feuer, um keins anfassen zu müssen, und für gesunden Menschenverstand nur vitaminiert denksportgestählte Ideen!

Du gehörst der Gesellschaft – an : Gesellschaftsfähig sind nur Herdentiere.

Arbeiter unternehmen endlich etwas : Unternehmer sind jetzt Mitarbeiter. Arbeiter wurden Staatsbürger, Besitzbürger wurden Kollaboranten.

Weltbild 2000 : Jeder Satz ist nicht mal Bezeichnung für seinen Gegensatz.

Lass dich entlassen. Ich kann mit mir machen lassen, was ich will, und mir meine eigenen Gedanken machen lassen.

Demokratie wurde Herrschaft eines jeden über jeden, der kann.

Die meisten werden tiefer begraben, als sie geboren sind.

Gerecht : Arbeitern wird der abgeschöpfte Mehrwert stets heimgezahlt.

Die Liebe erkaltet nicht, Mutter Erde erwärmt sich für uns.

Das einzig Wahre ist eine einzige Ware. Haltbarkeitsdatum: Gottes Todestag.

Sozialrevolution 2020 : Macht nicht mehr den Dreck für andere weg!

Entweder gehen mir die Augen auf oder über.

Nein, da sagt man nicht nein. Ich stehe immer auf dem Standpunkt, dass ich lebenslänglich auf der Arbeitsstelle trete.

Es gibt auch Praktiker, die von der Nachwelt, und Theoretiker, die von der Innenwelt abgeschnitten sind.

Bau- und Zukunftspläne sind unsere Spielarten der Hoffnungslosigkeit und Erinnerungen unsere bevorzugten Formen der Demenz.

Wann bist du geboren, und wann erblickt die Welt dein Licht?

Der reine Theoretiker sperrt die engagierten Praktiker von ganz Babel in ihren Elfenbeinturm.

Tiefenpsychologie ist kein Umweg vom Krankenbett über Freuds Sofa ins Himmel- und Lotterbett.

Fürchtegottlieb. Der Ewige hat Humor, Er spottet jeder Beschreibung durch Wesen, die Er in der Bibel eingehend beschrieb.

Nach 1945 gibt es hier wieder *regelrechtes* Elend und *regelrechten* Luxus.

Oft bin ich Eingeborener meines Herzens und Ausländer meines Kopfes.

Der Tapfere ist schon zufrieden mit aufrechtem Sitz am Schreibtisch.

Leben ist heute zurückzuführen auf humanes Versagen von Verhüterlis.

Umweltvorschützer starben am allgemeinen Traum- und Schaumsterben.

Fühlst du dich fremdbestimmt durch meine Selbstbestimmung?

Am stärksten hängt man an seinen Marionetten.

Notzucht und Mordnung. Das Rad der Geschichte lässt sich nur zurückdrehen. Von Historikern und Revolutionären.

Nur Unprofilierte fallen noch auf.

Närrisch bin ich nur nicht im Karneval.

Utopie 2020 : Der Arbeitslebensmüde wird geisteslebensfroh.

Tiefstes Desinteresse am Nächsten verrät tiefenpsychologische Praxis.

Das Destruktivste zeigt sich in Konstruktionen und Konstruktivisten.

Pure Bosheit wäre reine Unreinheit.

Eltern erweisen dir die erste Ehre, Kinder die letzte.

Glaube ist der weite Himmel im engen Grab.

Elfenbeintürme werden erlegt wie Elefanten ohne Porzellanläden.

Der bissigste Weisheitszahn der Zeit nagt am ewigsten Hungertuch.

His master's voice. Die Jugend tanzt nach der Pfeife der Musikindustrie.

Es herrscht Krieg oder Frieden, Chaos oder ein Ton.

Will GOtt uns stärken, stärkt Er unsere Gegner – und Sich.

Buchmarktlücken sind keine Kunstfehler.

Zivilcourage ist nicht der Mut zur eigenen Meinung, sondern der Wille zur objektiven Wahrheit.

Die Unterschicht fällt nicht tief, weil sie nie hoch steht; die Oberschicht fällt nicht tief, weil sie nie fällt – außer nach verlorenen Kriegen.

Liberalismus macht jeden verantwortlich für sein Schicksal : Der Täter hat es sich verdient, das Opfer hat selber schuld.

Westliche Demokratie : Der Wille der Mehrheit ist stets in der Minderheit.

Sollte Metaphysik so unverständlich bizarr werden wie Physik oder Soziologie so unterhaltsam wie Literatur?

„Wo viele Worte sind, geht's ohne Sünde nicht ab." *(Sprüche Salomon 10,19)*

Dass du deine Ketten nicht spürst,
beweist, dass du dich nicht rührst.

Wissen beobachtet die Realität so, wie wenn sie sich unbeobachtet glaubte.

Etwas verstehen heißt nicht verstehen, warum man dafür Verständnis hat.

Leben : Wurzeln dürfen keine Flügel und Flügel keine Wurzeln schlagen.

Manche Worte und Taten verraten Stolz und Idealismus. Aber an wen?

Recht und schlecht, unrecht und gut? Trauere ich, weil der Tote nicht mehr bei mir ist oder weil ich noch nicht bei ihm bin?

Was man im Kopf hat, weist man nicht von der Hand.

Der Teufel kommt nie in die Hölle, sondern wo er ist, da ist die Hölle los.

Der Beschränkte setzt sich keine Grenzen.

Wer denken kann, ist kein berühmter Denkkünstler.

Im Weltbilde sein. Wer nicht mitmachen will, muss viel mitmachen.

Auf Erfolge bei Erfolglosen erfolgt Verfolgung durch Erfolgreiche.

Perplexistenzialismus 2000 : Der Mensch ist *zur Freiheit verdummt*.

Alles ändert sich. Nur du änderst mich.

Das Heute macht das Mittel-zum-Zweck zum Zweck und zum Mittelpunkt.

Kritik und Revolte wurden fortgeschrittene Formen der Anpassung.

Verschlaf die Vergangenheit, träum von Gegenwart und bereu die Zukunft.

Die Krone der Schöpfung residiert in Luftschlössern mit Folterkellern.

Leichtes geht nie auf den Grund, Schwerwiegendes liegt nie in der Luft.

Um Schöneres zu verhindern, wird Schlimmeres verhütet.

Der Tod besteht aus einem Leben nach dem andern, das Leben aus einem Tod nach dem andern.

Bestien. Diktatur ist die Alleinherrschaft der Besten, Demokratie die Herrschaft über die Besten.

Dünkel schützt nicht nur vor Neid und Dunkel.

Dumme Sklaven zeigen ihre früheren Besitzer an.

Die Wahrheit ist nicht einmal das Gegenteil der Wirklichkeit.

Irren ist menschlich, und Menschlichkeit irrt herum oder ist irre.

Denker tolerieren alle, die nicht selber denken (können und wollen).

Wohin gehen wir? Ins Weite, und Geschichte ist Sieg über ihre Historiker.

Großmut wird Opfer der Besiegten, die sie laufen lässt.

Gläubige reden das Ende der Welt herbei. Sie haben schon gute Ideen für die nächste. Du sollst den Jüngsten Tag nicht heiligen!

Den miesen und schönsten Erinnerungen fällt die Zukunft in den Rücken.

Lasst den Fortschritt ruhig fortschreiten. Vielleicht kehrt er ja nicht zurück.

Zwietracht verein(sam)t. Tiefe Gefühle steigen von selbst auf die Lippen, nach den tiefsten muss man tauchen.

Will man Vorgesetzte hinter sich oder Übergeordnetes unter sich lassen?

Verstand haben heißt, nicht nur auf eigenen oder fremden zu vertrauen.

Mücke im Porzellanladen. Gedanken, die man verstecken will, publiziere man in philosophischen Werken.

Liebe will nur Sieger erobern.

Von guten Menschen kommen auch bessere Bosheiten.

Diplomrentner. Mit der Gesellschaft vergreisen auch ihre Kritiker.

Der Klügere gibt vor, er sei so dumm nachzugeben; der Dumme stellt sich klug und dabei dumm an.

Falsche Freunde rühmen dich, wahre Freunde rügen mich.

Dem Geist fällt es schwer, mehr zu werden, dem Leib schwerer, weniger zu werden.

Mitmenschlichkeit? Berufsunmenschen reiten ausgefallene Steckenpferde.

Wer keinen Geist aufzugeben hat, stirbt trotzdem, doch gegen das eigene Grab hilft die gesunde Bewegung, es sich immer wieder neu zu schaufeln.

Die Liebe kann ich dir nicht erklären, aber meine Liebe oder den Krieg.

Die Glitzerwelt ist alles, was der Beifall ist. Wer sich nicht absondert, ist absonderlich, aber wer mich liest, muss mich nicht hören und sehen.

Nicht deine Stärken bringen dich mir menschlich näher.

Revolution? Dem Herrn geht es erst dreckig, wenn ihm der Knecht, der letzte Dreck, nicht mehr den Dreck wegmacht.

Einst versinnbildlichte Kunst noch gute Ideen, heute nur Bauchgefühle.

Künstlerische Freiheit ist gebunden an gefesselte Kunden.

Unendlichkeiten schneiden sich. In Paralleluniversen.

Zähneklappern gehört zum losen Mundwerk.

Nur Dienst nach Vorschrift lässt sich keine machen, und wer dienert, will nicht dienen, doch steuerfrei durchs Leben gesteuert sein.

Unsterblichkeit macht auch nicht lebendiger.

Halt die Augen offen wenigstens dafür, dass du sie vor allem verschließt.

Schönfärberei als Schönfärberei zu bezeichnen, gilt als Schwarzmalerei.

Der Teufel stößt sich die Hörner ab, um Engel zu spielen.

Ein- und Halbgebildete regieren Ungebildete, damit Inkompetente nie die Korrupten überstimmen.

Tugend besteht auch darin, Neugier auf Reue zu bestehen.

Für Christen ist mehr Angenehmes als Unangenehmes unannehmbar.

Geistige Geradlinigkeit besteht aus potentiell unendlich vielen Pointen.

Nach Marx will man die Welt nur noch durch Veränderung interpretieren.

In Gemeinschaft ist man immer unter sich – selbst.

§ 1 : Eine Zensur ordnet an, dass sie nicht stattfindet.

Tautologie heißt : Terroristen nennen Terroristen Terroristen.

Der Knecht führt den Herrn – an; der Herr führt den Knecht – im Angebot.

Gutes Benehmen ist gut dazu, Gier und Neugier gut zu verkleiden.

Modisches Vorurteil : Moderne Aufklärung über moderndes Vorurteil.

Gefängnis schützt vor richtigem Leben, das vor Gefängnis schützt.

Es ist dienlicher, einem einzigen Gott zu dienen als einer Million Halbgöttern und Übermenschen.

Sein und Bedenkzeit. Angst ist nicht einmal amüsant, wenn man sie andern macht und dann fürchten muss.

Beruf und Familie geben dem Alltag oft mehr Sinn als dem Leben.

Faulheit, die nicht zu faul ist, sich zu rechtfertigen, geht in Fron über.

Unser größtes Verbrechen besteht darin, dass wir so viele kleine begehen.

Wer was nicht sehen will, durchschaut es. Wer nichts durchschauen kann, muss es sich anschauen.

Kluge Köpfe sind oft leichter zu lenken und zu denken als Dummköpfe.

Die Welt widerspricht sich ständig selbst. Wer ihr auch noch widerspricht, ist widerlegt und redet ihr nach dem Mund.

Ich finde, ich kann nichts Gutes tun. Also finde ich gut, was ich tun kann.

Fortschritt und Aufklärung räumen auf mit dumpfer Tradition. Aber sind Fortschritt und Aufklärung nicht schon längst dumpfe Tradition?

Gottes Freiheiten liegen nicht in Naturgesetzeslücken.

Selbstgefälligkeit des Autors und Dickfelligkeit des Lesers strafen einander.

Frei ist, wer eingeschlossen in seine Entschlüsse andere befreit.

PR lässt sich auf frischer Wohltat ertappen. Niemand muss wohltätig sein, um sich wohlzufühlen, und um gut zu sein, braucht es keinem gutzugehen.

Im Westen hat heute fast jeder von jedem genug.

Der Friede ist der Vater aller schönen Undinge, die mal Menschen waren.

Sag mir, was ein Kunstwerk dir sagt, und ich sage dir, wo du arbeitest.

Kunst & Kultur ist das, was Langweiler so langweilt, dass sie´s hochachten

Romanfiguren leben in dem Leser, der in ihnen lebt.

Optimiststück? Die moderne Frau heiratet den Mann in sich.

Hochachtung achtet heute auf Gutachten.

Am liebsten dienst du dem, der dich herrschen lässt.

Setzt euch allen Gewittern aus : Geist ist der einzige Blitz, der die meisten leider verschont.

Das ist das Drama: Jeder steht im Mittelpunkt und damit mitten im Wege.

Verstand hat, wer mit jeder praktischen Lösung seine Probleme hat.

Geschichte wird geschrieben von großen Männern, die keine Zeile geschrieben haben, und Geschichten werden geschrieben von kleinen Leuten, die keine Geschichte schreiben werden.

Das moderne Alter ist die Pubertät des Todes.

Zur Hölle schreiendes Recht. Die Unterwelt im Wassertropfen bringt das Fass ohne Boden zum Überlaufen zum Feind, und der Stein der Weisen ist die Zeitaltersweisheit der Versteinerten.

Jede Sache hat ihre drei Seiten : deine, die falsche und eine Ursache.

Zuweilen ist man bewegt, um sich nicht bewegen zu müssen. Standpunkte führen nicht zu Wegweisern und Bewegungen nur auf Abwege.

Besorgnisindustrien. Man differenziert alles, um es besser integrieren zu können, und vereinheitlicht gern, um Zwietracht zu säen.

Modernes Leben : Selbstverwirklichungszwang oder Schicksalsplanung.

Sei dir bewusst, dass dein Selbstbewusstsein nicht von dir selbst abhängt und soviel bedeutet wie Mangel an Selbsterkenntnis.

Erfülle heute deine Bürgerpflicht, indem du dir deine Wünsche erfüllst.

Sind die Guten so gut, wie die Bösen böse und die Dummen dumm sind?

Geistreiche Leute, die ihr Gedankengut für sich behalten, verarmen.

Wort- und Wertschatz. HErrgott heißt, wer dich noch nimmt, wenn kein Sklavenhalter der Welt dich mehr kaufen will.

Okkultur. Wissen ist präziseres Unwissen.

Sex is emotion in motion, doch GOtt schweigt anders als ein Toter.

Literatur ist die dichterische Freiheit, Käufer gefangen zu nehmen, zu fesseln, zu Tode zu langweilen und ihnen die Zeit zu stehlen.

Dein Gedanke wird nicht tiefer, wenn mein Abgrund gähnt.

Mein Schatz, du schätzt sehr, was du fehleinschätzt : Käufer sind Ästheten, Künstler ihre Anästhesisten.

Kismet. Liebespaare lassen sich scheiden, Todfeinde heiraten einander.

Selbst die Hölle auf Erden wird von Weltverbesserern erschaffen.

Wer auf Reisen erlebt, was man erlebt haben will, sollte zuhause bleiben.

Früher lag die Wahrheit in einer Theorie, heute nicht mal in der Realität.

Wer so klug ist, vorher nachzudenken, wird nicht so dumm sein, danach auch zu handeln.

Im Puff ist fast jedermann unwiderstehlich.

Es lohnt sich, wenn sich ein Katheder so wenig lohnt wie eine Kathedrale.

Zeit ist die Form, in der fast jedes Urteil wenigstens einmal wahr sein kann

Wo ist Güte besser als Bonität? Auch die Bosheit will geübt sein, doch die Übungen und Examen machen mehr Spaß.

Ein leerer Weltraum wäre voller entfernter Sterne.

Liebe deinen Nächsten. Du erkennst ihn daran, dass du ihn fast ebenso wenig kennst wie dich selbst und euch zu nahe stehst.

Die Menschen kennt, wer sich keinen ansieht und anhört.

Pragmatische Praxis ist viel unbegreiflicher als gute reine Theorie.

Wer zu seinem Recht kommt, kommt noch lange nicht zurecht.

Der Mensch unterscheidet sich vom Tier durch dreierlei: Er denkt, und er glaubt, dass er das kann, und joggt daran zugrunde.

Vorgestern war nie, Künftiges vergeht nicht, Gegenwart erwartet Gegner.

Der Aphorismus, das große Ganze im letzten Ur-Teil, der größte Unsinn im kleinsten Zu-Satz, macht uns kein Nix für ein Nu vor.

Der Größte schuf das Größte aus dem Kleinsten, das All aus dem Nichts, und starb für Kleingläubige als Kleinster am größten Kreuz.

Machthunger führt eher als Bildungshunger zur Fresssucht; Anarchismus ist der Freiheitsdurst, der trunksüchtiger macht als Wissensdurst.

Man muss nicht den Kopf verlieren, um den Bauch wiederzufinden.

Was gibt es? Es gibt zu denken. Doch leider ist verklemmte Wahrheitsliebe nicht zusammen mit der Geschlechtsliebe ein straffreies Muss geworden.

Man will von andern verstanden werden und fürchtet doch deren Verstand.

Im Aphorismus werden mindestens drei Aufsätze ausgearbeitet zu *einem* Satz über Autor und Leser (hinweg).

Freiheitsreden werden gehalten, wenn Redefreiheit schon herrscht.

Alles, was Zeitgenossen tun, wirkt wie die Absicht, von etwas wie Heisenbergs Quantenmechanik oder Hegels „Logik" nichts wissen zu wollen.

Man weiß etwas – zu machen, doch was macht uns denn wissen?

Arbeitszeit fördert die Volkswirtschaft, Freizeit die Gastwirtschaft, doch Kapital ist Geld im Überfluss für überflüssige Bedürfnisse.

Sartre : „Die Hölle, das sind die anderen" im Himmel.

Köpfe sind rund, weil sie Haupt-Rollen spielen: Es gibt Halbweltbeglücker und Unterweltverbesserer.

Dichte Welten in dünnen Worten :
Landschaft statt Leidenschaft

„In Fichtes Freiheitsphilosophie findet die deutsche Frühromantik das Recht, in schöpferischer Subjektivität Phantasie und Witz spielen zu lassen und den Widerstreit zwischen Endlichem und Unendlichem in Ironie, Paradoxien und Aphorismen zu spiegeln." (*Otfried Höffe*: „Kleine Geschichte der Philosophie", München 2005, S. 236)

Wer gut abschneidet, kastriert.

Gut bist du, wenn es dir schlecht geht, damit es mir gutgeht.

Ehrliche dürfen zuschauen. Ein schlechter Geschäftsmann ist deshalb noch kein guter Mensch und ein schlechter Kerl noch kein guter Kaufmann.

Demokratie ist formvollendete Bitte an Diebe, mit ihren Opfern zu teilen.

Philosophie ist nicht mehr die „Magd der Theologie", sondern der freie Markt der Atheismen – mit Religion als Güteproduktion.

Neugier macht die Augen auf, Habgier hält sie auf.

Wer alles in Antwort stellt, ist dafür verantwortlich, dass er nie gefragt ist.

Chaostheorie: Ein Aphorismus ist der Schmetterling, dessen Flügelschlag die ganze Geisteswelt umweltsen will.

Die Finanzwelt ist alles, was der gefallene Groschen ist, und *Arbeit = Kaufkraft mal Holzweg.*

Preisausschreiben haben ihren Preis und Preisverleihungen ihre Leihfrist.

Helle Kosmologen knien sich hinein in die *Dunkle Materie*, doch *Dunkle Energie* wird langsam kriminell mit all ihren Dunkelziffern hinterm Koma.

Der heiße Einheitsbrei redet ständig um den kalten Vielfaltsbrei herum.

Manches Mitleid leidet mit Neid.

Der Sinn des Lebens schwankt zwischen Frohsinn und Feinsinn, Leichtsinn und Schwachsinn, Tastsinn und Tiefsinn, Trübsinn und Blödsinn.

Asket und Aktivist kommen überein, die Welt, wie sie ist, zu verneinen, doch Philosophie redet ständig von Menschheit und meint den Mittelstand.

Emanzipierte Frauen sprechen Ehemänner wieder frei.

Welche Bücher handeln nicht mit dem, wovon sie handeln?

Moderne Gotteshäuser wirken wie von Atheisten entworfen, modernisierte Freudenhäuser wie von Asketen.

Mein Wort will keine Leser verletzen, sondern nur ihr dickes Fell zeigen.

Wer den sechsten Sinn sucht, hat an seinen fünf Sinnen schon eher zu viel.

Einst hielt man sich den Leib vom Leib, heute Seele, Geist und Gott.

Wollen wir lieber Menschen über uns als über uns Untermenschen hinaus?

Die Idee verhält sich zur Realität nun wie Schlagsahne zum Schlagwort.

Die Milch der frommen Denkungsart stammt nicht aus Gottvaters Brust.

Der förmliche Antrag, Frauen nur noch sittliche Anträge zu machen, ist unsittlich.

Die Logik ist ein Wahrheitsknigge, wie der Kopf im Leben vorankommt, indem er konsequent nur die Formen wahrt.

Jedes Flugzeug nur ein verdrängter Phallus? Ich träume davon, dass mein Zeugungswerkzeug wieder alle verfluchten Flugzeuge verdrängt.

Wo sind Nacht und Wahnsinn besser aufgehoben als bei Rationalisten?

Früher schauten Realisten unter Gürtellinien, heute in Online-Brieftaschen.

Seit dem Antiautoritätsverfall sind Pädagogen keine Pädophilister mehr.

Wer in Gedanken verloren ist, muss sich nicht in Gefühlen wiederfinden.

Mörder sterben nie aus, aber warum sieht man zu Aufsehern auf?

Man fürchtet nicht mehr den Vater in seinem Chef, sondern in seinem Vater de(ss)en Chef.

Von Vater Staat erwarte niemals die gesetzliche Erlaubnis zum Widerstand gegen ihn.

Beschreibe eine Bewegung : Führe sie aus, indem du sie schilderst o. u.

Deine Stimmung stimmt stets der Stimme deines Herrn zu, die über deine Befindlichkeiten befindet.

Sozialamt : Wohlstandgericht.

Das Gute stößt ab, da es anstrengt; das Schöne zieht an, weil es entspannt.

Man zeigt wieder Gefühle. Man verbirgt seine Gefühllosigkeit.

Alle im selben Boot : jeder gegen jeden.

Wer zu ihnen geht, kommt unter Menschen.

Buddhismus? Was vergeht, war wert, dass es zur Strafe wieder entsteht.

Arbeiter sind Menschen und Maschinen, weil sie beides bedienen.

Gesellschaft ist Gemeinschaft mit beschränkter Blut- und Bodenhaftung.

Bei der Soziologie kommt die feine Gesellschaft in schlechte Gesellschaft.

Scheitern wird erträglicher, wenn man es schafft, gar keine Chance gehabt zu haben.

Ein Angler, der große Fische fangen will, nimmt keine Bücherwürmer.

Die Gesellschaft ist nur das Gesellenstück des Menschen; Meisterschaft ist Einsamkeit, die kein Lehrling erträgt.

Umwelt ist die neueste Hinterwelt, die von abgetriebener Mitwelt ablenkt.

Marry the christmiss. Jesus liebte seinen himmlischen Vater und hasste seine leibliche Mutter : Freud hätte ihn behandelt.

Er hat weder Frau noch Chef. Ruht Gott sich seit 14 Milliarden Jahren von sechs Arbeitstagen aus?

Am meisten fürchte ich die Angst der Umweltschützer vorm Waldsterben.

Ausdrückeberger müssen keine Eindrückeberger sein – und umgekehrt.

Behagen in der Kulturlosigkeit: Manneskraft durch Freud ist *KdF* heute.

Des Menschen Unwille ist nicht sein Höllenpfuhl.

Existenzialist Sartre war *selfmademan,* um Gott von Schuld zu entlasten.

Hier, wo auch ein grünes Gespräch über Bäume ein Schweigen einschließt über so viele Untaten …

Akademiker sterben nicht. Sie versammeln sich zu ihren Doktorvätern.

Die Schwächen der Starken sind noch nicht die Stärken der Schwachen.

Ein Buddhist löst jede Aufgabe, indem er aufgibt und sich davon erlöst.

Eva verbindet sich mit Adam von alters her – nur ihre Wunde.

Er hat zwei Seelen in der Brust, klagt sie, und sie hat keine Seele in zwei Brüsten, klagt er.

Kultur ist das, was der Bauer hätte, wäre er Agrar-Ökonom.

Englisches Urvertrauen & Co. : Basic Trust Ltd.

Herr ist, wer das Opfer fordern kann, das andere ihre Forderung opfern.

Alte Köpfe sagen nein, indem sie unbeherrscht wackeln.

Leben ist Radfahren: Wer nicht tritt, fällt um; wer tritt, wird umgefahren.

Die Vorsehung weiß schon, wann du frei handeln wirst.

Der Held sucht nicht die Enge, weil der Angsthase das Weite sucht.

Eine Muse in der Hand des Dichters ist besser als der Pegasus auf dem Dach.

Statistiken erzeugen den idealen Durchschnittsmenschen, der sie erhebt.

Alle Menschen sind gleich: Gewöhnliche Sterbliche leben ebenso oft über ihre Verhältnisse wie außerordentliche Leute unter ihrem Niveau.

Raketen : Etwas, das in die Luft geht, kann selbst in die Luft fliegen.

Arbeitnehmer, die sich und ihre Unternehmen übernehmen, nehmen nicht nur Unternehmern die Arbeit ab, sondern nun auch Robotern, die sie ihnen wegnehmen.

Öffentliche Meinung ist eine Mischung von Notwahrheiten und Binsenlügen.

„Ulysses" ist eine Satire von Joy-ce auf die Leser: Sie sind stolz, den Choc zu meistern, wieviel trivialer Alltag in ihrer Kultur verborgen ist, und sind doch nur geschmeichelt, wieviel Kultur umgekehrt in ihrem banalen Alltag versteckt sein soll.

Auch die preiswerteste Sterilisation kostet ein ganzes Vermögen.

Kernphysiker fanden des Pudels Kern, dass Sex Welle und körperlich zugleich sei.

Jedes der beiden Geschlechter liebt es heute, sich mit dem anderen vor dem anderen zu tarnen.

Ein Aphorismus, der auch seine guten Seiten hat, heißt Essay.

Sozialismus ist, wenn mit den Produktionsmitteln nur Staat zu machen ist.

Wer nichts vorhat, hat nichts gegen sich, und wer auf nichts aus ist, geht (auf nichts) ein.

Der Zeitgenosse nach Darwin stammt ab vom Gott der Affen.

Philosophen bringen System in Aphorismen, die Unordnung in ihr System bringen.

Wenn Unternehmer nur auf Sportplätzen arbeiten, sind die Arbeitsplätze ihrer Untertanen deshalb noch keine Fitness-Center.

Herren nennen sich Idealisten, weil sie sich garnicht, und Knechte nennen sich so, weil sie sich zu billig verkaufen.

Wenn du deiner Meinung bist, bin ich noch nicht meiner Deinung.

Was nur Hände und Füße hat, hat deshalb noch nicht Hand und Fuß.

Aus vielen Entschlüssen ist nur die Unfähigkeit zu logischen Schlüssen zu schließen.

Unio mystica? Rechte Mystiker unterscheiden sich von Nichtmystikern dadurch, dass sie sich auch von denen nicht recht zu unterscheiden wissen.

Am Arsch der Welt kann die Welt nur im Arsch einer andern Welt sein.

Christentum kompakt : Behandle mich wie dich und dich wie mich!

Teilen viele einen Standpunkt, stehen sie auf vielen Standpünktchen.

Spiegel, die nicht nur Opfer zeigen, sind noch zu erfinden.

Was in Gedanken schon Wirklichkeit ist, ist in Wirklichkeit noch gar kein Gedanke.

Einstein : Früh krümmt sich, was ein uralter Weltraum werden will.

Selbsthilfegruppen? Warum gibt es keinen Verein der Selbstbefriediger?

Das einzig funktionierende Perpetuum mobile ist die ewige Suche danach.

Ich liebe fremde Länder. Dort kann ich meine Heimat lieben.

Intellektueller : Wer nicht erst durch Schädlichkeit und Schaden klug wird.

Es sagt mir noch nicht die Wahrheit ins Gesicht, wer mir in die Larve lügt.

Gelehrte stehen mit den Fußnoten fest auf dem Dachboden der Zitatsachen

Nachhaltige Philosophen kämpfen gegen Hinterweltverschmutzung.

Der Mensch ist von Natur aus gut. Wenigstens im Lügen und Betrügen.

Alte Naturfreunde backen sich auch ihr Gnadenbrot lieber selbst.

Wer nur sichere Interessen wahrnimmt, nimmt die Wahrheit in Sicherheitsgewahrsam.

Nach getaner Trauerarbeit ist gut friedhofsruhn.

Das Land, wo Milch und Honig fließt – für Rindviecher und Arbeitsbienen

Die Verletzten werden die ersten sein, die die letzten sein werden.

Musterfamilie 2000 : Gewaltloser Widerstand gegeneinander.

Um einen Sturm im Wasserglas zu entfachen, muss man es nicht in den Sturm stellen.

Du kannst nichts dafür, ja, aber etwas mehr dagegen darfst du sein.

Wer bedauert, dass er nichts zu bereuen hat, macht seine Unschuld, deren er sich schämt, gern durch Psychotherapien wieder gut.

Wer Mikroskope durch Teleskope betrachtet, sieht die Welt nicht richtiger.

Kinder haben die ganze Vergangenheit ihrer Eltern, Lehrer und späteren Chefs noch vor sich.

Liebespaare können noch das Blaue vom Himmelbett herunterliegen.

Um glücklich zu sein, müssen Rindviecher kein Schwein haben.

Wer sich an jugendliche Zukunftsträume erinnert, lebt in der Gegenwart.

Leben ist ein einziger Flügelschlag ins Fruchtwasser.

Kurzer Rede lebenslanger Unsinn. Der Aphorismus hat ein Spielbein und ein Verstandbein und steht fest mit beiden neben dem Geistesleben.

Wie vieles tun wir, um es nicht kapieren zu müssen. Dreh den Satz um, und du nickst leichter.

Am eigenen Schopf aus dem Sumpf zog Münchhausen sich durch dieses Lügenmärchen.

Die Welt ist voller Widersprüche. Wie kann da eine Theorie wahr sein, die es nicht einmal zu Widersprüchen bringt?

DRK. Wer sein Herz ausschüttet, hat noch keinen Tropfen Blut gespendet.

Die meisten Rezepte sind geeignete Grabsprüche.

Aphorismen sind keine Sprichwörter, aber schützen vor Volksmundfäule.

Interpreten können nur auslegen, wie sie von Künstlern reingelegt wurden.

Ökologen sind Leute, das das Graue(n) vom Himmel herunterlügen.

Er, sagt sie, unterdrückt sie oder seine Lust auf sie, die ihm nicht mehr durch Entgegenkommen entkommt oder durch Entkommen entgegnet.

Wittgenstein 2000: Geisteswelt ist alles, was der Einfall ist, die Unterwelt ist alles, was der Überfall, und die Umwelt alles, was der Abfall ist.

Kritik der Jugend am Alter ist Selbstkritik a priori.

Das Jüngste Gericht wird am heißesten serviert und schmeckt nur Heiligen

Ist Wahrheit eine Überanpassung meines Verstandes an das Einverständnis anderer oder meine Anpassung an ihre Anpassung an mich?

Ein Christ sieht stets ein langes Leben vor sich und ein kurzes hinter sich.

Eine Sache mag Hand und Fuß und eine Ursache einen Bart haben, ihre Urursache hatte Flossen und Schuppen.

Wer mich treffen will, muss mich nur übertreffen.

Sei klüger als dein IQ und nicht so schlau wie dein Irrationalismus.

Der eine will eine pluralistische Welt, der andre viele monistische Welten.

Besser christliche „Moral der Schlechtweggekommenen" als Nietzsches Amor(al) der Zugutwegkommenden.

Leben zu viele Menschen? Zu wenige, um die zu übertönen, die das sagen.

Inzucht : Mit seinen Töchtern eigene Enkel zeugen : Seitensprung mit dem eigenen Ursprung.

Wer ein Denkmal umstößt, kann auch den Bildhauer meinen, und wer setzt dem *unbekannten Denker* mal ein bekannteres Denkmal?

Städteplanung ist heute Logislogik der Anarchitekten und betonangebenden Kreise.

Große Vorzüge spiegelt vor, wer nicht mit kleinen prahlt.

Reine Natur und Vernunft ist heute Resultat schmutzigsten Waschzwangs.

Eine Theorie, die gesellschaftlich funktioniert, ist damit widerlegt.

Die Sitzfleischeslust des Linksintellektuellen wurde *l'engagement pour l'engagement* mit voller Gage vom Auflehnstuhl aus.

Aristokratische Form der Ungleichheit : Freiheit von … und zu …

Welche Klasse leidet heute an stärkerer Privilegasthenie?

Das Weltall ist 14 Jahrmilliarden alt, aber wie groß ist dein Nachweltall?

Ich bin nicht geisteskrank, ich könnte Bäume der Erkenntnis ausreißen.

Philosophen gewinnen alle Denkprozesse, die sie gegen ihr Thema führen.

Die Erde steigt uns zu Kopf, wo Ideen aus allen Wolken fallen.

Du hältst dich dort auf, wo man dich aufhält, doch wer über sich hinausgehen will, muss nur in sich gehen.

Soziale Gründe der Gewalt weichen der Gewalt asozialer Gründe.

Zwischen Sozialschichten gibt es wenigstens schon einen Lasterausgleich.

Mach es nicht denen nach, die sich nichts vormachen lassen!

Alle schwitzen – der Dümmere bei der Arbeit, der Klügere in der Sonne.

Liebe deinen Nächsten wie dich selbst – egoistisch. Aber nicht alle Leute lieben es, sich masturbieren zu lassen.

Im lieben Nächsten lieben wir weniger die Antworten auf unsere Fragen als die Fragen nach unseren Antworten.

Wer an den Schaltstellen der Ohnmacht in der Tinte sitzt, ist noch kein Dichter.

Militärs schießen ihre Gedanken durch den Kopf des Feindes.

Sein Herz verschenkt man nur noch an seinen Transplanteur.

Die Weltbesten in jeder Disziplin sind die besseren Weltverbesserer.

Ein Esel, der sich für ein Kamel hält, gewinnt wenig durch Psychotherapie.

Praktiker realisieren Ideen, um sie dadurch zu verstehen. Theoretiker verstehen an Ideen nur, was zu gut ist, davon realisiert zu werden.

Schuetts Tierleben. Eine Ameise mit Bienenfleiß hat eine Meise.

Manche Träume sind Schaumbäder zu zweit.

Das einzige Band zwischen Gastarbeitern und inländischen Arbeitern sei das Fließband, sagen Unternehmer.

Mancher steckt den Kopf in den Sand, den er andern in die Augen streut.

Psychoanalyse ist Passion für fremde Passionen, soweit sie (die Zensur) nicht passieren, und nicht die Wissenschaft von Sigmund Freuds Seele.

Durften wir uns gerade noch retten, bevor wir das Paradies zerstört hatten?

Oberflächlich? Der Kern der Dinge liegt meist über der Unterfläche.

Bevölkerungsexplosion der Armen? Die Reichen schießen zurück.

Mancher glaubt seine Feinde schon zu lieben, wo er seine Freunde hasst.

Frei ist nicht einmal der Kampf gegen Unfreiheit.

Ich unterscheide mich von anderen, indem ich ihre Unterschiede übersehe.

Die Rückseite der Dinge ist für dein Gegenüber oft die Vorderseite.

Früher gab es Mann oder Frau, heute gibt es nicht mal mehr das Oder.

Vier Erkenntnistheorien : Jeder (v)erkennt, wie er die Welt (v)erkennt.

Wer macht, was er will, lernt kennen, was andere wollen;
wer tut, was er soll, lernt sich selber kennen.

Wer Arbeiter anspricht, sich mal frei auszusprechen, hat die gute Ausrede, dass die unsagbar schlechte Aussprache gegen sie spricht.

Feyerabends Methodenpluralismus : Rien ne va plus when anything goes.

Am wenigsten genügt der Gedanke ans Ungenügende bloßer Gedanken.

Meint der Name mit der Sache ihre potentiell unendlich vielen Teile mit?

Physiker helfen uns nur noch auf die Quantensprünge ins Endlose.

Wer nur träumt, dass er träumt, steht deshalb noch nicht voll im Leben.

Autonomie heißt nicht, dem eigenen freien Willen freiwillig zu willen sein.

Wer immer einen Platz an der Sonne sucht, geht mit ihr unter.

Gütig sein und darin der Beste sein wollen, ist moralisch paradox.

Der Kranke hat keine Welt-, sondern eine Zimmeranschauung.

Mir ist alles gleich, mir ist alles eins. Das Erlebnis der *unio mystica* kann auch eine bloße Depression sein.

Erinnerungen daran, wie früher die Zukunft erträumt wurde, sind Prophezeiungen, wie einst die jüngste Vergangenheit gesehen werden wird.

Etwas *fertigmachen* heißt, es vollenden und zerstören zugleich.

Ich bin eifersüchtig, weil du schon einen andern liebst – dich selbst.

Auch der Abgrund hat einen Deckel. Das ist der Boden der Tatsachen.

Auch Verbrecher wollen keinen Polizeistaat.

Wer keine Stromschläge kriegt, hat noch nie eine Wirklichkeit berührt.

Der Zerfall ist die natürlichste Form der Analyse.

Wer inkognito bleiben will, muss nur seine Maske absetzen.

Erleuchtet wirst du nur von dem Blitz, der dich treffen soll.

Jeder ist so frei, sich zum Produkt der Gesellschaft zu machen, doch wer nur in Ruhe nachdenkt, begeht schon Irrenhausfriedensbruch.

Mit heutigen Ehepartnern kann man nur trojanische Pferde stehlen.

Reframing. Kann ich durch dich von dir befreit werden?

Es gibt nichts Bestes, außer man lässt es.

Wieviel Kapital (ver)braucht der Antikapitalismus?

Selbstoptimierung durch deren Selbstkritik: Was funktioniert besser als die Dysfunktionalität?

Ein schlechtes Gewissen macht ein gutes.

Der Existenzkampf entscheidet sich selten fürs Unentschieden.

Atheismus ist Religionswahn, der Agnostiker ein frömmelnder Ignorant.

Open access. Das Buch der Natur genoß mal Urheberrechtsschutz.

Auch der Aphoristiker muss (uns) nun schon immer kürzer treten.

Ist der springende Punkt mein Standpunkt, wird er mein wunder Punkt.

Literatur : Was man aufschreibt, darf man getrost vergessen.

Hass die Guten, verachte die Schlechten, scheu die Best(i)en, liebe das Nächstbeste.

Wahllos schlagen Schicksal und freie Wahlen zu.

Zwischen Sein und Nichts ist nichts – als Leben.

Ask my questions : Durchschau meine Blicke und du siehst meine Augen.

Koexistenzkampf. Meine Welt teilt sich die Welt mit deiner.

Pflanz oder schreib dich fort! Ausgerechnet Pornographie und Prostitution kriminalisieren nun Pädophilie.

Spiele kann man mitspielen, doch mit Spielen nie spielen.

Man ist neugierig auf die Neugier anderer, und wer kann seine Interessen verfolgen, ohne gegen sie zu handeln?

Du bist jedem böse, dem du nichts Gutes tust.

Gesellschaft glückt, wo Laster sich gleichen, und mißlingt, wo Tugenden sich ähneln.

Man ist eher gutem Willen gnädig als guten Werken gerecht geworden.

Am schnellsten mit ihrem Latein am Ende sind Schulen, die erst gar nicht damit anfangen.

Mancher Kopf besteht daraus, dass man aus ihm nie klug werden soll, und manches Genie darin, dass es sich stets verkannt gibt.

Der eine sieht es, der andere sagt es, wenn er etwas *bemerkt*.

Einmal leben dürfen ist zuwenig, einmal leben müssen schon zuviel?

Der Wille ist fest und will mehr, das Wissen schwankt und will Ewiges.

Gewalt zwingt, auf sie zu verzichten, und nach Kriegen ist gut reden.

Überflüssiges Um- und Dummwühlen. Ich kann kein bescheidenes Leben in Muße wählen, aber zwischen hundert Autotypen. Vor Verhungern und Obdachlosigkeit schützt hier nur noch Übersättigung und Überarbeitung.

Ein Bösewicht tut Gutes, indem er Konkurrenten bekämpft.

Gier macht Angst, Angst macht Gier. Du willst klug sein, da du dich für dumm hältst, und hältst dich für gut, da du gut sein willst.

Gutopie und Mutopie : Je unbewusster, desto selbstbewusster.

Wir sind so frei, Gutes zu tun, und so böse, unfrei zu handeln.

Nur Denken ewiger Gesetze macht unsterblich. Dass Denkbares sich erzählbar und anschaulich macht statt zählbar und einfühlbar, ist zufällig.

Beweise Wahres auf falsche Weise, und du begründest Irriges rechtens.

Viel reinen Wein enschenken macht auch besoffen.

Preisfrage : „Warum nicht kaufen?"

„Weil Kürze denn des Witzes Seele ist." (W. Shakespeare)

Bescheid wissen und bescheiden leben : Lieber fünfzig Jahre in Saus und Braus als einhundert Jahre in Sack und Asche oder besser nie?

Man wünscht Krieg, wenn Geschlechterkrieg und Arbeitsfriede quälen.

Fortschritt heißt, dass der Urmensch in mir dem Aristokraten aus Neanderthal gleicht. Und nicht der Überzivilisierte träumt vom Urwald, sondern der überforderte Kulturheuchler.

Nicht das Gute, das du tust, wird bestraft, sondern dein Stolz darauf.

Realismus ward unsere einzige Realität, Naturalismus unsere Natur.

Der Verstand rebelliert gegen Vernunft wie Sinnlichkeit gegen Verstand.

Die gute Tat predigt, der gute Rat erledigt.

Der Mensch ist freie Evolution vom Affen zum Packesel, Schweinehund oder Erbsündenbock.

Macht Weltflucht zur neuen Welt. Gegenstände sind das, was die Sicht verstellt, An- und Absichten das, was Einsichten verstellt.

Die Logik ist noch analog, Analogie schon digital.

Um Pessimist zu sein, bin ich zu pessimistisch.

Rummelplatzangst. Die meiste Kunst kommt von Wegkönnen.

Wer schreibt, liest Leviten und spricht Bände gegen Wände wie Einwände.

Kommunikation heute : Drain storming im Whiskyglas.

Es ist nicht alles goldrichtig, was keinen Schimmer hat.

Unhaltbare Zustände halten am längsten.

Komm in die Gemeinschaft – geh in ihr auf und unter!

Der Christ wünscht seinem schlimmsten Feind, dass er ihn liebt wie sich.

Wer nicht wenigstens so gute Sentenzen wie Nietzsche schreibt, versteht ihn falsch.

Gen und Charakter ist für Buddha das Werk der Freiheit im vorigen Leben.

Bedenklich bedenkenlos. Kunst weist der Stelle, die ein System dir zuweist, eine Stelle in deinem System zu.

Mamaterialisten denken soviel an wie für Materielles – sagen Idealisten.

Überversorgt unterbeschäftigt? Wer den Blinden geheilt sieht, der nichts sieht, was auch gar nicht da ist, ist blind für die Blindheit.

Wissen ist nicht der Lohn der Forschung, sondern ihr Preis.

Maler machen bis zur Scherzgrenze unsichtbar, was sie abbilden.

Nach innen außen vor. Theorie sucht das Wahre, Praxis findet die Ware.

Wer mehr Probleme liebt als löst, fragt Künstler.

Der Überbau wurde so Subkultur wie das Unterbewusstsein übernatürlich.

Zur Klugheit zu blöd, zur Dummheit zu schlau, zum Mut zu bang, zur Feigheit zu feig, zur Güte und Bosheit zu faul?

Die Armen schlagen die Reichen nicht tot, also ist Gott nicht tot; *q. e. d.*

Auch Lustschlösser bauen sich noch Luftschlösser.

Big crunch, big chill or big rip? Geschichte ist der Weg von den oberen zehntausend Millionären zu den unteren zehnmilliarden Milizionären.

Nichts verfolgst du, was dich nicht einholt.

Zitatenschatz : Weltkulturerbe der Pointen oder dróle de philosophie.

Chaos konsumieren und abarbeiten : Die Leitung führt uns oder Strom.

Wer anderen wirkliche Möglichkeiten gibt, hat sich *selbstverwirklicht*.

Mit beiden Beinen immer fest im Leben – auf Treppenstufen.

Denkst du gut von dem, der plötzlich besser ist, als du dachtest?

Seit die Mathematik auch auf die Logik angewandt wurde, gilt das, was *Salomon Maimon* über Mathematik sagte, sie sei eine *Konstruktion* in der Anschauung apriori, auch für die Logik, die formale Lehre von den Gegenständen des Denkens überhaupt: Die aristotelische Logik (bis zu Kant) bezog sich auf unbestimmte Objekte schlechthin, die *mathematische Logik* seit Frege und Russell auch auf „reelle Objekte" in Raum und Zeit apriori. Die moderne Logik enthält dann nicht nur analytische, sondern auch *synthetische Urteile apriori* über reelle und *raumzeitlich darstellbare* Objekte, wie sie Maimon nur in der Mathematik sah und nicht wie Kant auch in der Naturwissenschaft. Da Erfahrung nicht ohne allgemeingültige Notwendigkeit möglich sei, gibt es für den *kritischen Skeptizisten* Maimon überhaupt keine Erfahrung, auch nicht in der Physik, sondern nur problematische, induktiv wahrscheinliche synthetische Urteile aposteriori wie bei D. Hume.

Das Leben erfüllt viele Wünsche um den Preis, sie zu entwerten.

Inzucht als Degenerationskonflikt. Die Ehe macht Mann und Frau zu Geschwistern, die sich zu gut kennen, um sich noch *erkennen* zu wollen.

Kultur : Vom Weltbild über Weltschnappschüsse zum Umweltvideo.

An welchem menschlichen Werk ist die Selbstzerstörung nicht am Werk?

Abscheu scheut sich zu lieben, und man liebt, was man zu hassen scheut.

Amtierende Chancen und Risiken. Kein Buch ist ein Dummheitenabwehrsystem, und wer nur Krankheiten abwehrt, ist krank.

Für das Gute, das du mir tust, liebst du mich mehr als für das Gute, das ich dir tue.

Glücklich sein heißt Unglück fürchten.

Leib, der abnimmt, gefällt; Geist, der abnimmt, verfällt. Geist wie Leib, der zunimmt, mißfällt.

Politik, Geschichte, Ökonomie, Soziologie und Psychologie, um sich nicht zu vertiefen in Mathematik, Logik, Physik, Metaphysik und Religion?

Sozialallergiker? Überall Flucht vor Schichten in Geschichten, vorm Sehen ins Geschehen, vorm Schauen ins Bauen, vor Erden ins Werden ...

Revolution erkaufte nie Freiheit, sondern Massenarmut durch Massenmord

Unrechtsregime werden nun im Namen der Menschenrechte gerechtfertigt.

Alle Menschen sind gleich gut und böse – außer denen, die das bezweifeln.

Leben : Der Gesellschaft nicht zuhanden sein, sondern abhanden kommen.

Weltgeschichte geht immer weiter. Leider, sagt die Naturgeschichte.

Mancher ist nicht einmal so klug, wie er sich dumm (an)stellt, oder so schlecht, wie er sich gut findet.

Der Rebell steckt den Kopf in den Sand, den er ins Getriebe wirft.

Geist heißt, an Fremden (oder Feinden) mehr als immergleiche Ähnlichkeiten zu finden.

Praktische Vernunft zieht aus Verurteilungen keine zwangsläufigen Entschlußfolgerungen.

Deutsche Arbeitszeit : sinnfrei nützliche Perfektion.
Deutsche Freizeit : nutzlos sinnvolle Perfektion.

Woher wahrnehmen und nicht stehlen? Denken heißt, Verneinungen und enthauptende Selbstbehauptungen zu begründen.

Reichtum und Einfallsreichtum : Armselige Zufriedenheit mit fremder Unzufriedenheit.

Liebe deine Feinde! Das vernichtet sie.

Wer was weiss, muss (oder sollte) nichts damit zu tun haben.

Bisher wird Freiheit mehr beherrscht von Machthunger als von Wissensdurst.

Mikroben, nicht große Taten und Werke, überlebten alle Weltreiche.

Das einfache Leben ist ein Privileg der Reichen.

Idealismus klappt nie innerhalb und Realismus nie außerhalb des Kopfes.

Gott? Sein ist weder mein noch dein und rein, sondern sein Sein.

Effizienzzwang, nicht Humanität, befreite die Sklaven.

Verrät Geist, wer sich begeistert für das, was alle anödet, und sich langweilt bei dem, was alle begeistert?

Für welche Ausbeute läßt du dich freiwillig ausbeuten?

Wer nicht mit seinem Leichnam verwechselt werden will, hinterläßt mehr gute Werke als Güter.

Bildung und Halbbildung sind Fähigkeiten, sich miteinander gründlich zu langweilen.

Sartre erreichte nur, wovon er in der Jugend träumte, „eine müßig gehende Gesellschaft zu unterhalten." Schopenhauer war für Heidegger der einzige Philosoph, der ihn nicht interessierte, und für mich der einzige, der mich mehr als ihn und seine Favoriten interessierte.

Mein Wort will keine Leser verletzen, sondern nur ihr dickes Fell zeigen.

+ + +

„In Fichtes Freiheitsphilosophie findet die deutsche Frühromantik das Recht, in schöpferischer Subjektivität Phantasie und Witz spielen zu lassen und den Widerstreit zwischen Endlichem und Unendlichem in Ironie, Paradoxien und Aphorismen zu spiegeln." (*Otfried Höffe*: „Kleine Geschichte der Philosophie", München 2005, S. 236)

„Die Filosofie lernte von den Grazien scherzen." (*J. Ch. Wieland*: "Diogenes")

„Was machst du an der Welt, sie ist schon gemacht, / Der Herr der Schöpfung hat alles bedacht." *(Goethe,* Wilhelm Meisters Wanderjahre) „... denn die Elemente hassen das Gebild der Menschenhand." *(Fr, Schiller,* Die Glocke)

"Unendlich ist die Welt nur für den Untätigen. Und für den Machtlosen." (*Günther Anders*, 1992) "Die Gefahr der Lächerlichkeit, die ich bei jeder Eintragung spüre, ist das besondere Pech des Philosophen." *(derselbe,* 1986)

„Ist nicht die Fabrikation von Fragmenten das heute literarisch nur noch einzig Mögliche? Der knapp formulierte Gedanke, ohne Anfang und resümierendes Ende ... Ansätze, Abbrüche, Konvergenzen unserer aktuellen irdischen Existenz." „Die Zersplitterung ist die Wahrheit. Eine Sammlung von Notizen wie diese entspricht eher einem allgemeingültigen Mangel an ... sozialer und damit auch weltanschaulicher Kohärenz. Die stetig voranschreitende Diversifikation, die Spaltung in immer mehr und kleinere Bestandteile, von keinem *Holismus* je wieder zu kitten, muss ihr Spiegelbild in den Kunstwerken, auch in der Literatur finden. Insofern bin ich mit meinen Notaten „up to date", nur ist dieser Umstand den meisten Leuten unbekannt." (*Günter Kunert*: „Die Botschaft des Hotelzimmers an den Gast", München 2004, S. 30)

„Durch Reisen lernt man die Welt kennen, aber am besten in seinen vier Wänden." *(Konfutse)* „When I was at home, I was in a better place." *(W. Shakespeare)*

ANHANG
Zitatsachen

"Witz ist transzendentale Logik, fragmentarische Mystik" „Alle Ideen sind witzig." "Witz ist Synthese von Fantasie und Verstand, als Centrum des gesamten Vorstellungsvermögens." – "Alle Vereinigung des Heterogenen führt auf Unendliches." "Fragmente als biblische Philosophie müssen im Centrum der Enzyklopädie thronen." "Die fragmentarische Form vielleicht die richtige für alles Centrale." (Fr. Schlegel) – „Das Vermögen der Vereinbarung fremdartiger Vorstellungen ist der schöpferische Witz. In der französischen Sprache führen Geist und Witz einerlei Namen, Esprit..." (Kant: „Anthropologie in pragmatischer Hinsicht", Werke XII, Frankfurt 1982, S. 537 ff.) Bei Schopenhauer „ist der Ursprung des Lächerlichen allemal die paradoxe und daher unerwartete Subsumtion eines Gegenstandes unter einen ihm übrigens heterogenen Begriff, und bezeichnet demgemäß das Phänomen des Lachens allemal die plötzliche Wahrnehmung einer Inkongruenz zwischen einem solchen Begriff und dem durch denselben gedachten realen Gegenstand, also zwischen dem Abstrakten und dem Anschaulichen ..." („Die Welt als Wille und Vorstellung", Kapitel 9) „Diese Form, die Ironie, hat zum Anführer Friedrich von Schlegel. Das Subjekt weiß sich in sich als das Absolute, alles andere ist ihm eitel; alle Bestimmungen, die es sich selbst vom Rechten, Guten macht, weiß es auch wieder zu zerstören. Alles kann es sich vormachen; es ist aber nur Eitles, Heuchelei und Frechheit. Die Ironie weiß ihre Meisterschaft über alles dieses; es ist ihr Ernst mit nichts, es ist ein Spiel mit allen Formen ... Die Dialektik ist das Letzte, um sich zu erheben und zu erhalten ... weder Poesie noch Philosophie." (Hegel: Vorlesungen über die Geschichte der Philosophie, Theorie Werke Bd. 20, Frankfurt 1971, S. 416 ff.) „Erst durch das Bündnis mit dem Paradoxon ist der Aphorismus als eigenständige literarische Kunstform selbständig geworden." (H. U. Asemissen: „Notizen über den Aphorismus", 1949) Lichtenberg begann seine *Sudelbücher* 1765: „Der große Kunstgriff, kleine Abweichungen von der Wahrheit für die Wahrheit selbst zu halten, worauf die ganze Differential-Rechnung gebaut ist, ist auch zugleich der Grund unserer witzigen Gedanken, wo oft das Ganze hinfallen würde, wenn wir die Abweichungen in ihrer philosophischen Strenge nehmen würden." „Die alte Form des Aphorismus ist aktuell wie je unter dem Druck institutionalisierten Bewußtseins, das den Einspruch des einzelnen Bewußtseins nicht zuläßt." (Gerhard Schweppenhäuser: „Verbotene Frucht", 1965) „Der Witz ist ein Priester, der jedes Paar kopuliert." (Jean Paul) „Der Aphorismus ist ein gewitztes Kerlchen, das Kunst und Philosophie in Liebe gezeugt haben: von der Philosophie hat er die Art zu fragen, von der Kunst die Art zu antworten." (Gerhard Branstner, 1959), „Aphorismen schreiben sollte nur einer, der große Zusammenhänge vor sich sieht." (Robert Musil) „Der Aphorismus ... ist entweder eine halbe Wahrheit oder anderthalb." (Karl Kraus)

Aphorismen zur Zeitaltersweisheit

Eine vorkantische Moral, die es noch gar nicht zu Grundsätzen gebracht hat, sondern nur zu moralischen Gefühlen wie etwa Zorn über erlittenes Unrecht und Scham über getanes Unrecht, ist noch gar keine Moral, sondern nur normative Kraft einer faktischen Sitte. Aber nicht jede Sitte ist sittlich. Hegel warf Kants Ethik vor, eine Einladung zu Betrug und Selbstbetrug zu sein. Es war immer die Aufgabe der aphoristischen Maxime, die plakatierten Maximen eines Menschen oder einer Epoche an den mutmaßlich zugrundeliegenden wirklichen Maximen kritisch zu messen und zu blamieren.

Soll Freiheit keine zu postmoderner Beliebigkeit werden, muß sie freie Wahl von Qualitäten sein. Qualität ist hier keine bloße Beschaffenheit des Werkschaffens, sondern Niveauhöhe im Verhältnis zu Maßstäben, zur Reflexionsintelligenz und subtilen Lösungsoriginalität. Dickleibige Pedanterie gibt es zu viel, wirksame Breviloquenz zu wenig, und Banalitäten werden zu häufig durch terminologischen Überaufwand nur verschleiert.

Wenn Aphoristik Philosophie und Poesie verbindet, dann menschliches Selbstbewußtsein im Ganzen der Welt mit „schonend sparsamer Explikation" (Schmitz) weniger Sachverhalte aus durchschimmernd kleinstmöglichen Ganzheiten.

Der Aphorismus sagt etwas Bestimmtes nur, um darüber schon hinaus zu sein. Sartre nennt jeden unaufrichtig, der nur zu sagen vorgibt, was er explizit sagt. Der Aphorismus ist der Existenzialismus par excellence, er sagt nicht, was er sagt, und sagt, was er nicht sagt. Die Existenz, die nur gefühlt wird, entwirft sich eine Quint-Essenz aller Dinge, die gedacht wird. Das Dasein schafft sich sein Sosein, das Gefühl den Gedanken. Der Aphorismus ist als Individuum ein "Fürsichsein", das permanent die Eindeutigkeit des von ihm Gesagten verneint. Er hat die Struktur der menschlichen Subjektivität und nicht der existenziell überschrittenen Objekte. Auch das aphoristische *Fürsichsein*, ein Satz – aus sich heraus, rutscht ständig auf sich selbst aus, ohne je zu erreichen, was es an sich sagt, ein stets aufgeschobenes Sein, das nie eins wird mit seinem eindeutigen Sinn, immer von sich selbst entfernt. Durch jeden Aphorismus geht ein Riß, ein permanenter Abstand trennt ihn von seinem Sinn. Seine Aussage will er durch diese Aussage selbst begründen, nicht durch fremde Argumente von außen. Diese Aussage ist ihre eigene Begründung. Der Aphorismus (und der Aphoristiker) will Grund seiner selbst werden und enthüllt alle Dinge und ihr Wissen, indem er sie hinter sich läßt. Er ist nicht "seriös", nimmt sich selbst nicht ernst, sondern spielt nur die Rolle, ein Urteil zu sein, das einfach etwas auf etwas Bestimmtes festnagelt. Er nimmt Helmut Plessners "exzentrische Position" ein. Anders als Wissenschaftler enthüllen Aphoristiker objektive Gesetze durch subjektive Sätze. Stellten sie keinen Anspruch auf objektive Allgemeingültigkeit, würde niemand das existenzialistische Programm besser erfüllen, und war in diesem Sinne der französische Moralist des 18. Jhts. nicht auch der Urexistenzialist? Soziologie ist die Lehre von der Schädlichkeit und Überflüssigkeit der Gesellschaft für das Individuum; Psychologie ist die Unwissenschaft von der

Überschätzung der eigenen Innenwelt(verbesserung) durch Macht über fremde Seelen.

Der griechische „Aphorismus" ist die lateinische *De-finition*: Abgrenzung, Absonderung, Bestimmung. Der Aphorismus ist jener Teil des Ganzen, der das Ganze ganz enthält und als Ganzes damit hinter sich läßt; er ist die Grenze, die etwas Bekanntes ganz abschließt und dann für Neues aufschließt. Er ist ein einzelnes Urteil über das Ganze, über einzelne Sachverhalte aber nur, soweit sie ein Ganzes repräsentieren. Er antwortet auf den Anspruch eines Systems, ein Urteil über jedes seiner Teile zu fällen, mit dem Anspruch, über diesen systematischen Anspruch des Systems seinerseits ein Ur-Urteil zu fällen. Aphorismen sind logische Schlüsse, die heterogenste Vorstellungen zusammenschließen, aber in Form von Urteilen, also sind sie Bestandteile, die Aufschlüsse über Abschlüsse geben. Als "implizite Schlüsse" (Welser) sind sie auch explizite Abschlüsse. Die einzelne Idee, die ein Ganzes ganz darstellt, hat dessen Ganzheit damit auch schon aufgebrochen und herabgestimmt zu einem relativen Ganzen in nur bestimmter Hinsicht. Das Ganze fällt unter ein Ur-Teil, das über dieses Ganze gefällt wird. Wer ein Ganzes dann noch einmal ganz zusammenfaßt in charakteristischen Details, hat es von ganz außen betrachtet und damit schon um seine Beurteilung er-gänzt. Aphorismen machen aber auch das System erst ganz sichtbar mit seinem Anspruch, das Ganze zu sein, und potentiell systemsprengend wirken sie gerade durch Fakten, die das System überhaupt erst als solches komplettieren. Das System muß nach Russell schon abgeschlossen vorliegen, bevor sich sein Inbegriff davon bilden kann, und darf nicht durch diesen Inbegriff mitdefiniert sein. Der Aphorismus ist ein Inbegriff und kein Bestandteil einer systematischen Ganzheit, eine in Kants Sinne *regulative Idee* jedes "kleinstmöglichen Ganzen" (Musil). In einem einzigen Satz (aus ihm heraus) ist das Ganze ganz da, als seine Pointe, die es relativiert und die seinen Anspruch zerstört, schon das Ganze zu sein. Er faßt sich kurz, indem er ein ganzes System in einer einzigen Pointe zusammenfaßt, in einen einzigen Satz – aus dem System heraus. Der Grund-Satz, der ein System von Sätzen prägnant zusammenfaßt, ist nach Bertr. Russell kein Teil des Systems, sondern ein Meta-Satz, der über ein System Aufschluß gibt, das er abschließt und für Neues dadurch aufschließt.

Gott und die Welt und die Seele: Die Welt ist weder endlich noch unendlich groß und weder unendlich teilbar noch aus letzten Atomen zusamengesetzt, sondern nur für den Verstand potentiell unendlich teilbar und erweiterbar. Der Mensch ist sowohl ganz frei als auch völlig determiniert, aber in verschiedener Hinsicht, also als Naturwesen bestimmt und frei als Ding an sich. Und die Welt ist sowohl aus sich selbst heraus verständlich wie auch als Schöpfung eines notwendigen Wesens. Anders als Kant sah Hegel nicht nur erst in der vollständigen Reihe möglicher Erscheinungen, nicht erst im Ganzen aller Gegenstände eine Idee, sondern schon in jedem Gegenstand die Idee seiner selbst, sofern er ein Ganzes seiner möglichen Aspekte ist. Das Ganze aller möglichen Gegenstände ist nicht selbst ein Gegenstand u.a., aber umgekehrt ist jeder einzelne Gegenstand selber ein Ganzes seiner potentiell unendlich vielen Aspekte. Adorno rechtfertigte den Aphorismus als Idee, die jede Idee eines vollendeten Ganzen aufhebe. Wie Hegel schon in jedem Einzelobjekt die antinomischen Selbstwidersprüche sah, die Kant nur im Ganzen aller möglichen Gegenstände sah, so sehe ich in jedem Sachverhalt den "Witzverhalt", den Hermann Schmitz nur in Bewußtsein und Biographie eines Menschen sieht. Die "progressive Universalpoesie" der Jenaer Frühromantiker war fragmentiert, weil sie nach Fichte wie jeder Aphorismus eine Simultankonkurrenz von Identität und Selbstwiderspruch ist. Jedes Objekt fällt aus dem aphoristischen Begriff, unter den es gleichzeitig doch auch fällt, und Novalis sah in dieser Identität und Differenz, Immanenz und Transzendenz, Selbstbegrenzung und Selbstententgrenzung, in dieser Selbstschöpfung und Selbstaufhebung nur die zwei ironischen Kehrseiten derselben romantischen Goldmedaille, aber nicht in unendlicher Sukzession von Fichtes und Schlegels transzendentalem Zirkel, sondern in schwebender Ambivalenz eines verewigten Augenblicks.

Heidegger ist den Antinomien der Totalität enthoben, weil er das Ganze nicht aus den Teilen, sondern die Teile aus dem Ganzen herstellt. Da die Vernunft bei Kant in Widerstreit mit sich selbst gerät, sobald sie die Totalität ihrer möglichen Gegenstände vergegenständlicht, ist das "Seiende im Ganzen" bei Heidegger kein vernünftiges Thema für die Vernunft, sondern Stimmungssache. Die "Stimmung" geht auf das Ganze, auf das die Vernunft nicht gehen kann. Der Regressus in infinitum war schon bei Kants erstem Kritiker Salomon Maimon kein Regress der Vernunft auf ein absolutes Unendliches, sondern eine Regression auf die bloß subjektive Einbildungskraft, auf die Fähigkeit also, sich einen Gegenstand auch ohne dessen Gegenwart vorzustellen. Wo es ums Ganze gehe, werde die Vernunft nicht unvernünftig, sondern gerate in Widerspruch nicht mit sich selbst, sondern mit der Imagination, die Kant als eine gemeinsame Wurzel von Verstand und Sinnlichkeit verstand und Sartre später als Grund der Kunst. In Heideggers Kant-Buch von 1929 stellt diese transzendentale Einbildungskraft, die sich ein Bild vom Ganzen *vor* allen Teilen macht, kein Abbild von den Erfahrungsgegenständen her, sondern stellt ein Vor-Bild für deren Gegenständlichkeit selbst auf und raumzeitlich vor sich hin, als Zukunftsprojekt, in dessen Licht die Phänomene "sich von ihnen selbst her zeigen können in dem, was sie je selbst sind." Der Weg von Kant über Maimon zu Heidegger ist ein Weg von den Antinomien der selbstbestimmten Vernunft über ihren Konflikt mit der subjektiven Einbildungskraft zur unvernünftigen Stimmung. Natur und Welt und Seele sind bei Kant Vernunftideen, bei Maimon aber pragmatische Forschungsfiktionen der schöpferischen Phantasie und bei Heidegger gar kein Gegenstand des Verstandes, sondern ein Zustand der Vernichtungsangst. Diese Einbildungskraft, die bei Maimon der Vernunft widerspricht, hat Fichte zur Vernunft selbst erklärt. Die Vernunft des deutschen Idealismus wird Narrenfreiheit der bloßen Einbildung. Adorno verstand sie ganz konsequent als Wahnsinn, der sich seine eigene Welt baut, und in Heideggers Angst sah er Klaustrophobie.

Das Ich ist sowohl frei als auch unfrei, die Welt ist raumzeitlich weder endlich noch unendlich (teilbar und erweiterbar), weil sie eher Idee als Erfahrungsobjekt ist. Ist das *Ding an sich* das nicht erscheinende Ganze möglicher Erscheinungen? Kants „Synthesis der transzendentalen Apperzeption", "das 'Ich denke', das alle meine Vorstellungen muß begleiten können", nicht nur die verschiedenen Vorstellungen von ein und demselben Gegenstand, ist auch ein Egoismus cogito, der alle Fragmente eines Aphoristikers begleiten muß. Die verschiedenen Maximen desselben Autors hängen nicht enger zusammen als die Bewußtseinsinhalte und *properties* in einem Individuum oder die Mitglieder in einer Gesellschaft. Weder die Aphorismen eines Bandes noch die Satzteile jedes Einzelaphorismus sind deduktiv verknüpft. Sie folgen aufeinander und nicht auseinander. Nicht sie selbst, aber ihre Unabhängigkeiten voneinander sind voneinander abhängig. Nicht sie selbst, aber doch ihre Unmittelbarkeiten sind durcheinander vermittelt und durch das Ganze. Maimon sah im "Streben nach Totalität" kein Monopol der Vernunft, sondern ein "Streben nach Vollkommenheit" aller menschlichen Vermögen, die unendliche Annäherung an Wahrheit, Schönheit, Güte und Heiligkeit.

Xenons 'ruhender Pfeil' ist auch der Pfeil, den ein Subjekt abschießt, um sein Objekt zu treffen. Der Weg dorthin besteht nicht aus aktual-unendlich vielen Stationen, aber läßt sich in potentiell unendlich viele Etappen zerlegen. Ein Weg ist nicht unendlich lang, aber läßt sich unendlich lang machen, ohne aufzuhören, eine abmessbar endliche Strecke zu sein. Wird er als zusammengesetzt gedacht aus unendlich vielen unendlich kleinen Wegstrecken, komme ich nie ans Ziel, wie dicht es auch vor mir liegen mag. Wenn ich will, kann ich unendlich weit von jedem Ziel entfernt sein, ohne träger zu werden. Jeder kleinste Weg läßt sich veranschaulichen als Allee von beliebig vielen Bäumen mit unbestimmt vielen Ästen mit unbestimmt vielen Zweigen, die sich verlieren und von denen es schwerfällt, jemals den Baumstamm oder gar den Weg wiederzufinden. Einen Weg zurücklegen heißt aber nicht das Unmögliche, unendlich viele und kleine Wegstrecken in unendlich vielen und unendlich kleinen Zeiträumen zu überwinden, sondern von jetzt bis gleich in einem Stück von hier nach dort zu gehen. Stehen zu bleiben, heißt gleichsam wie ein Baum die Krone in den Himmel und die Wurzeln ins Erdreich verzweigen, also beim Versuch, meinen Standpunkt zu verlassen, "in die Luft gehen" und zugleich "in der Erde versinken". Ich versinke in dem Punkt, auf dem ich stehe, auf Nimmerwiedersehen oder löse mich in Luft auf. Jeder Weg hat ein Ende, nicht aber seine Unterteilbarkeit in neue Stationen oder seine Überschreitbarkeit um neue Grenzen. Methode, *meta hodos*: entlang des Weges. Wer einen Weg vom Subjekt zum Objekt methodisch geht, kann ihn in beliebig viele Fragmente unterteilen und an beliebig vielen Stätten unterwegs Rast machen. Zwischen je zwei Fragmente läßt sich immer noch ein neues Fragment schieben, und zwei aufeinander folgende Fragmente sind deshalb nie auseinander ableitbar, weil sich immer noch unbestimmt viele weitere Standpunkte einschieben oder umgekehrt in ein einziges Fragment zusammenfassen lassen. Der 'magische Idealist' Novalis verstand Freiheit als Vermögen, jeden endlichen Weg von Ursache zu Wirkung in unendlich viele Fragmente zu zerbrechen und bei einem beliebigen Fragment stehenzubleiben. Die Fragmente einer Sammlung lassen sich lesen als Stationen auf dem phänomenologischen Weg vom Ich "zu den Sachen selbst". Vor dem ersten Fragment liegt der Autor und hinter dem letzten die Welt. Der horizontale Weg vom Subjekt zum Objekt oder umgekehrt wird an jedem seiner beliebig vielen Bahnpunkte durch ein beliebig dichtes Büschel von Vertikalen geschnitten und gekreuzt, so daß senkrechte Analoga zu den waagerechten Wegmarken entstehen. Die Fragmente einer Sammlung sind Annäherungen an die Vieldeutigkeit, darstellbar als Büschel von Strahlen, die unter jedem Blickwinkel quer zur Wegrichtung durch die infinitesimalen Punktualitäten laufen. Da der Weg von Fragment zu Fragment auf diese Weise auch nicht kürzer ist als der Weg vom Subjekt zum Objekt durch alle "fraktalen Brüche" hindurch, so ist in jedem Fragment jeder mögliche Weg durch alle Fragmente hindurch ganz enthalten, auf eine je besondere unverwechselbare Weise. Paradox gefaßt: Jeder Punkt des Weges ist der ganze Weg, und dieser ganze Weg ist jede seiner eigenen Etappen. Weil zwischen je zwei Fragmente immer noch ein weiteres Fragment paßt, wirken sie, als hätten sie keine Beziehung zueinander und wären keine Glieder derselben Begründungszusammenhänge. Der Zirkel vom Subjekt zum Objekt und zurück ist nach hermeneutischer Regel gar nicht aufhebbar, sondern möglichst weit zu machen, potentiell so groß wie die ganze Welt, und das heißt hier, er ist als Polygon durch möglichst viele Kreis-Fragmente zu bilden. Wird heute der klassizistische Rationalismus der "romantischen Fragmente" rehabilitiert durch das "fraktale Denken" der Chaosforscher? Wie viele Fragmente zwischen mir und der fraglichen Sache liegen, hängt von der gewählten '"Dimensionsskala" der Betrachtung ab, d.h. von dem Grad an Vergrößerung, den die aphoristische Lupe erlaubt. Ein Fragment kann beliebig viele Fraktionen in sich zusammenfassen oder beliebig engverbundene Fraktionen voneinander trennen, es kann entweder Zeitlupe oder Zeitraffer sein. Lichtenberg sagt: "Scharfsinn ist ein Vergrößerungsglas, Witz ein Verkleinerungsglas. Das letztere leitet doch immer auf das Allgemeine." Und das erstere leitet auf das Einzelne, das der Nominalist Adorno so sehr vorzog.

Die populärwissenschaftlichen Darstellungen der Chaosforschung sind meistens nur ideologischer Mißbrauch seriöser mathematischer Modelle. Die cartesianische Subjekt-Objekt-Spaltung soll *holistisch* überwunden werden, obwohl es doch gerade der heute so verteufelte Descartes gewesen war, der eine Theorie jener Wirbelturbulenzen entwickelt hatte, die von den Chaosforschern untersucht werden. Die Ideologen kochen gern ihr Süppchen auf den metaphorisch tendenziösen Veranschaulichungen des für Laien unüberprüfbaren Theorie-Formalismus. Am Ende ist wieder nur das Ganze mehr als die Summe seiner Teile und die Individualität ein bloßes Volksgemeinschaftsunternehmen wie gehabt. Je kleiner die Ursache, desto größer die Wirkung, vor allem in ihrer massenhaften Verstärkung. Der Einzelne ist nichts, die Massenverstärkung ist alles, q.e.d. Minimale Abweichungen schaukeln sich systembedrohlich auf, that's the message. Wenn nur jeder an seinem Platz rhythmisch mitschaukelt, fällt der Ozeanriese der Demokratie schon um. Das Chaos der Ordnung und die Ordnung des Chaos, was ist nun brauchbar daran? Das Komplexe ist teleskopisch einfach, und das Einfache ist mikroskopisch unendlich kompliziert, ganz d'accord. Dissonanzen deuten auf fernerliegende Konsonanzen, sagte Schönberg. Keiner der Einzelaphorismen bedroht ja das Systemparadigma, aber sie alle zusammen destabilisieren es? Welches System hat genügend viele quantenaphoristische Freiheitsgrade? Ein Ganzes ist eine Verbindung von Teilen, die es nach innen hin sprengen durch Implosion. Ist das große Ganze so etwas wie ein Club von Autisten oder ein Funkenregen von Bändern? Das aphoristische Individuum ist wie die massiert auftretende 100. Dezimalstelle hinterm Komma und das Ganze als chaotische Informationslücke in jedem seiner Teile ganz gegenwärtig. Das Chaos lugt durch jede Ritze als unendliche Binnentiefe jedes Details? Kleinste Ursachen summieren sich "weitab vom stabilen Gleichgewichtszustand" zu übergroßen Folgen. Die Verbindung von allem mit jedem mache die Zeit irreversibel, meint Prigogine. Das Ganze sickere und mogele sich in jedes seiner Teile. Ich sei eine 'dissipative Struktur', die sich nur durch Symbiose mit der Gemeinschaft selbst erhalten könne. Alles hänge davon ab, bei welchem Dezimalbruch abgebrochen werde. *Autopoietisches* Paradox: Größere Autonomie des Einzelnen nur durch größere Rückkoppelungsschleifen mit der Gemeinschaft – Neuauflage des alten Gemeinplatzes, Gemeinwohl gehe vor Eigennutz. *Mandelbrot*: Kreativität = Iteration + Fraktalität. Eine nichtmathematisch reale Küstenlinie sei makroskopisch glattlinig und mikroskopisch unendlich fraktiert, also eigentlich unendlich lang, je nach gewählter "Skala". Haben auch die romantischen Fragmente eine "fraktale Dimension des seltsamen Attraktors"? Je komplexer ein System, desto weiter sind Ursache und Wirkung voneinander entfernt: Das klingt nach Novalis. Werden Hierarchien durch Netzwerk-Rhizome ersetzt, damit der Einzelne nicht mehr das Ganze gefährden kann? Ich sei mir selbst in allen meinen Teilen "selbstähnlich" und bestehe aus endlich vielen Unterpersonen von Unterunterpersonen. Komplexe *Holosysteme* erlauben keine Prognosen und Propheten mehr! Nicht nur das statistische Gesamtsample, sondern auch das Verhalten jedes Einzelelektrons sei an jedem Bahnort völlig determiniert, aber es durchlaufe unendlich viele mögliche Weggabeln und Verzweigungen ("Bifurkationen"), die seinen Weg unvorhersagbar machen. Die *Unbestimmtheitsrelation* spiegele nur den unendlichen Einfluß des Ganzen auf jedes seiner Ur-Teile. Alle Fragmente eines "Bandes" bilden ein wirres Hintergrundsrauschen und zugleich eine geordnete Struktur. Jede Monade ist schon bei Leibniz eine "petit perception insensible" und ihre Summe ist mächtiger als das, wovon sie abweichen. Turbulenzen bilden stabile Strukturen ("Solitone") mitten im Chaos. Die chaotische Auflösung des einen Bezugssystems könne ordentliche Struktur im alternativen Bezugssystem sein : Dispersion der Kohärenz als Kohärenz der Dispersionen. Die monadischen Differenzierungen der unendlich kleinen und vielen 'petits perceptions' gab es schon in „abgründigen Mengen" bei Leibniz, der von Giordano Bruno abgeschrieben hatte. Der Italiener Bruno war Zeitgenosse des Franzosen Montaigne und der Spanier Perez und Gracian gewesen.

"Der Aphorismus erscheint als eine ins Große zielende Parodie der Sprache zum Zwecke ihrer Überwindung..." (Heinz Krüger: "Über den Aphorismus als philosophische Form", München 1988, S. 21) Dieser Adorno-Schüler zählt nicht zufällig den Aphorismus unter die Parodie, von der Schopenhauer sagt: "Ihr Verfahren besteht darin, daß sie den Vorgängen und Worten eines ernsthaften Gedichtes oder Dramas unbedeutende, niedrige Personen oder kleinliche Motive und Handlungen unterschiebt. Sie subsumiert also die von ihr dargestellten platten Realitäten unter die im Thema gegebenen hohen Begriffe, unter welche sie nun in gewisser Hinsicht passen müssen, während sie übrigens denselben sehr inkongruent sind; wodurch dann der Widerstreit zwischen dem Angeschauten und dem Gedachten sehr grell hervortritt." Die "unbedeutenden, niedrigen Personen" machte Adorno zu Proletariern, bevor das "Subjekt der Revolution" der „Namenlose" (Samuel Beckett) wurde und von Adorno nur noch philosophische "Flaschenpost" bekam.

Wer den Witz an der Sache nicht mehr versteht, wenn alles so lächerlich geworden ist, daß das Lächerliche daran nicht mehr zu spüren ist, der muß den 'blutigen Ernst' der Realität dialektisch denken. Dialektik ist die vernünftige Parodie der Vernunft, die bierernste Philosophie des Witzes an der Sache, denn die Parodie der Begriffe war die Dialektik *vor* der Dialektik. In Freuds Witztheorie übertragen, geht es um die Inkongruenz von Es und Über-Ich. Die egoistische Triebregung läßt sich durch die sozial allgemeine Über-Ich-Forderung erst hemmen, um dann plötzlich zu entdecken, daß sie sich den ganzen "Hemmungsaufwand sparen" und ihn einfach "ablachen" kann.

Fragmente wollen die notizhafte Nüchternheit von Lichtenberg haben, den formalen Schliff von Friedrich Schlegel und den Witz von beiden. Vertrauen in den Offenbarungscharakter der Sprache geht dabei nicht soweit wie bei den Romantikern, aber weiter als bei manchen modernen Poeten und Mystikern. Ein offenes Ganzes soll sich im mikrokosmischen Konzentrat eines geschlossenen Teils spiegeln. Ob und wie diese Fragmente zusammenhängen, ob jedes eine Facette desselben Ganzen oder alles ein kunterbuntes Durcheinander bildet, muß der Leser entscheiden. Jedes aber will schon in sich vollendet und aus sich verstanden sein, aber eine *splendid isolation* mit Stacheln. Aphorismus, Fragment und Essay bilden in einem Werk nicht zufällig eine Kette immer größerer Texteinheiten vom Typ der abweisenden Einladung und der einladenden Abweisung. Der Leser soll im Buch nicht sich, sondern den Autor finden und mit dem Autor aus sich heraus und über sich hinaus kommen. Jeder dieser Sprach-Igel stößt den Leser aus seinen Reflexgewohnheiten auf neues Reflexionsterrain. Wie interessiere ich Leser, ohne von ihnen zu sprechen? Das Fragment ersetzt die mangelnde 'Gründlichkeit', welche die Aufmerksamkeit ermüdet, durch innere Komplexität, die den Leser in sich hineinzieht. Er findet eine Welt im Wassertropfen und sich in einem unendlichen Spiegelkabinett auf kleinstem Raum, voller Selbstbezüglichkeiten und innerer Schachteltiefe, voller Wegweiser und Querverbindungen. Das Fragment ist eine Sache des Stils und umso gelungener, je mehr lange Sätze es zu einem kurzen Satz komprimiert. Dieses in sich reich differenzierte Individuum will assoziative Kettenreaktionen auslösen. Wie ein Warenhauskunde alles Gewünschte unter einem Dach finden soll, ohne das Gebäude verlassen zu müssen, so soll der Leser alles in einem einzigen "Fragment von Fragmenten" finden, ohne ein anderes Buch aufschlagen zu müssen.

Und hat das einzelne Fragment noch seine Grenze am nächsten Fragment, so soll der Zauberkreis des ganzen Fragmenten-Werks doch potentiell unerschöpflich sein, damit der Leser nicht zur Konkurrenz abwandert, weil er etwas vermisst. Das Fragment dient sich als geistiges Mikroskop an, und wenn es auch nicht den Schacht von Babel bohrt, wie Kafka sagt, so verkleinert es die Größe und vergrößert das Kleine um die 'Welt von Welten', die es in sich birgt. Das Fragment enthält selbst die Zusammenhänge, in denen es nicht steht. Fragmente und Aphorismen wollen frappieren und irritieren, verblüffen und verwirren, überraschen und überrumpeln, bestürzen und beschleunigen ...

Lichtenbergs "waste-books", das "Allgemeine Brouillon" von Novalis, Schlegels "Philosophische Lehrjahre", Schopenhauers "Aphorismen zur Lebensweisheit", Schellings "Aphorismen zur Naturphilosophie", Nietzsches "Menschliches, Allzumenschliches", Blochs "Spuren", Benjamins "Einbahnstraße", Adornos "Minima Moralia", Schweppenhäusers "Verbotene Frucht", Wittgensteins "Vermischte Bemerkungen" u. a. Fragment-Sammlungen sind nicht nur nachgelassene Notiz-Zettelkästen und resteverwertende "Sudelbücher", sondern streng philosophisch zu begründen und als philosophische Form zu rehabilitieren, um "Schulbegriff" und "Weltbegriff" der Philosophie zu verbinden.

Es ist erstaunlich, daß die postmodernen Pariser "Dekonstruktivisten", welche die differenzielle Nichtidentitätstheorie Adornos extravagant weiter treiben, daß also die französischen "nouveaux philosophes" wie Deleuze, Delors und Derrida, Lacan und Lyotard, Baudrillard und Bernard-Lévy, Foucault und le Man immer Nietzsche folgten und selber doch keine systemsprengenden Fragmente geschrieben haben – in der traditionellen Nachfolge der "Französischen Moralisten" des Dix-Huitième, Larochefoucauld und Labruyère, Galiani und Vauvenargues, Chamfort und Rivarol, Joubert und Jouffroy, bis zu Alain und Valéry.

Nicht nur die systematische Theorie der Fragmente ist Philosophie, sondern schon die Fragment-Sammlung selbst. Die Fragmente sind philosophische Gedankenexperimente in "negativer Dialektik" und selbstreflexive Ideen vom Ganzen. Die romantischen Fragmentaristen hatten wirklich jene Ideen, welche die spekulativen deutschen Idealisten oft nur im Namen führten. Nach H. Schmitz ist Hegels Dialektik ein „Universalwitz von Witzen".

Seit Gödels Entdeckung von 1931 produzieren geschlossene Systeme systemsprengende innere Widersprüche, die allein von neuen Systemen "aufzuheben" sind: Antinomien, Aporien und Paradoxien. Ein System, das nur Wahres erkennt, erkennt nicht alles Wahre, ist also unvollständig, und ein System, das alles Wahre erkennt, ist zu groß und enthält deshalb manches Falsche für wahr.

Der gute Aphorismus macht einen guten Witz, aber nur den Witz an der Sache. Die Mischung aus Bewunderung und Selbstbewunderung bringt eine intellektuelle Genugtuung, aber die "Befriedigung, daß man selbst schlau genug ist, die Pointe zu erfassen... " (Koestler) macht den Leser noch nicht zum Miterfinder. "Aphorismen sind eigentlich ziemlich alt und gewiß eine Wurzel des heutigen modernen Witzes" (Eike Hirsch). "Der Witz ist ein spielendes Urteil", sagt Kuno Fischer, und "der verkleidete Priester, der jedes Paar kopuliert" (Jean Paul) – auch Blutsverwandte und Homosexuelle, Tiere und Ehebrecher. "Der Aphorismus definiert so, dass sich die Definition selbst sprengt" (Eike Hirsch). "Das Paradox ist das prototypische Paradigma des Humors" (Gregory Bateson). "Die Edelausgabe des Paradoxons aber war schon immer der Aphorismus" (Hirsch). "Launiger Witz heißt ein solcher, der aus der Stimmung des Kopfes zum Paradoxen hervorgeht." (Kant : "Anthropologie") "Beinahe - aber eben nur beinahe - wären wir in einen unauslotbar tiefen Abgrund gestürzt; ganz anders als gedacht, haben wir jedoch wieder festen Boden unter den Füßen" (Peter Hofstätter) beim "Wechsel von Schock und Gegenschock" (Karl Groos). Auch die aphoristische Überraschung ist "eine plötzliche Bestätigung einer Erwartung, die unbewußt geworden ist..., daß man an einem Abgrund sozusagen mit heiler Haut vorbeigekommen ist" (Th. Reik). "Die Welt steht Kopf ... Die Textsorte mit der schnellsten Kommunikation überhaupt" wechselt "zwischen Täuschung und Einsicht, zwischen Verblüffung und Erleuchtung" (Hirsch), und der Leser "hat ja nur den Witz - nicht die Lage - zu bestehen." M. Mead : "Die Entspannung durch das Gefühl der Sicherheit ist das entscheidende". "Jeder Witz eröffnet in der Pointe einen neuen Horizont mit einer neuen Bedeutung und lädt den Zuhörer ein, sich diesen Horizont anzueignen", schreibt H. P. Bardt. "Der Verstand ist stolz auf seinen Sieg" (Ransom Carpenter). "Eine Hürde wird verlangt, die nicht niedrig und doch bezwingbar ist ... Ja, wie lasse ich die Katze so aus dem Sack, daß mir niemand etwas vorwerfen kann?" (E. Hirsch). Der Aphorismus muß "verschleiern, damit eine Entblößung stattfinden kann" (Theodor Reik). Anders als im Rätsel wird im Aphorismus "der Wortlaut mitgeteilt und die Technik versteckt" (Freud). "Der Witz sagt, was er sagt, nicht immer in wenig, aber immer in zu wenig Worten." (Theodor Lipps). 1837: "Der Witz ist eine Fertigkeit, mit überraschender Schnelle mehrere Vorstellungen, die in ihrem inneren Gehalt einander eigentlich fremd sind, zu einer zu verbinden." (Fr. Th. Vischer). "Die besondere Leistung des Witzes besteht darin, mehrere

Bedeutungen so in eins zu setzen, daß sie einander – bildlich gesprochen – überlagern und nicht verdrängen, gehalten durch einen Ausdruck von besonderer Prägnanz." (H. Plessner). "Lachen ist Aggression oder Angst -, die ihrer logischen raison d'etre beraubt ist - das Verpuffen eines Affekts, den das Denken verworfen hat." (A. Koestler). "Tatsächlich kommt uns eine große Zahl nervöser Erkrankungen wie ein schlechter Witz vor." (A. Adler). "Viele Ausdrücke von Geisteskranken sind wirklich witzig" (Arieti). "Von den zwei Möglichkeiten, die Sie mir anbieten, möchte ich gern die dritte wählen". Aphorismen wecken gemischte Gefühle und leben von Vorurteilen darüber, welche Vorurteile andere wohl haben mögen. "Natürlich wollen die Leute überrascht werden. Aber mit dem, was sie erwarten", sagt Tristan Bernard. "Aus einer plötzlichen Verwandlung einer gespannten Erwartung in nichts" (Kant), die "die Bestätigung einer unbewußten Erwartung" (Th. Reik) ist, entsteht Witz.

"Die Grundstruktur des Witzes ist bestimmt durch den Zusammenstoß verschiedener Normbereiche." (Bausinger) "Der gut vorgetragene Witz muß den Hörer überlisten, so daß es dem Bewußtsein ergeht wie dem Hausbesitzer, der den zur Verbesserung des Torverschlusses bestellten Schlosser hereinließ und es im Dunkeln nicht sah, daß zu gleicher Zeit der gefürchtete Dieb durch die geöffnete Tür geschlüpft war" (Karl Groos, 1892). "Der kluge Leser wird in jedem Witz aggressive Trends feststellen" (Grotjahn). Lachen entsteht, "wenn wir Lust der Unlust beimischen" (Plato, *Philebos*), als "Bewältigung der Angst" (Reik) oder "Ausdruck von Hochmut" (Cicero). "Die Leidenschaft des Lachens ist ein plötzliches Hochgefühl, das entsteht, wenn wir in uns unverhofft eine Überlegenheit gegenüber der Schwäche eines anderen entdecken." (Th. Hobbes). Nach Bateson ist jeder Humor im Grunde nur Schadenfreude, nach Hegel ist das Komische "erhaben über seinen eigenen Widerspruch". "Die Absurdität sorgt dafür, daß das Verpönte annehmbar wird" : "erlaubte Aggression". "Indem der Witz die Zensur besticht und umgeht, gelingt ihm die Triebabfuhr" (E. Hirsch). Der Aphorismus gibt Entwarnung: Das Ganze ist nur Spaß. In Pointen wird der Hintergrund zum Vordergrund und umgekehrt. Witz war zunächst Menschenwitz im Gegensatz zu göttlicher Weisheit. Der Aphorismus macht seinen Leser zum Opfer und lädt ihn zugleich ein, "hinter ihm den gleichen Sprung zu wagen" (Robert Neumann). "Ein Witz ist vor allem ein Zweikampf zwischen Ihnen und dem Witzerzähler", sagt A. Rapp. Aphorismen bieten keinen Humor, sie verlangen ihn. Wenn die Lösung elegant ist, wird die Irreführung verziehen. "Es ist nicht zu bezweifeln, daß es lustvolle Spannungen und unlustige Entspannungen gibt." (Freud, 1924). Aphorismen erfüllen ambivalente Wünsche wie pflichtgemäße Empörung und heimliche Befriedigung zugleich. Wollen Aphoristiker exhibitionistisch ihren eigenen Geist zeigen? Grotjahn spricht von der "intelligenten Niedertracht" des Witzbolds auf der Flucht vor Migräne, "weil er im eigenen Innern gedemütigt und geängstigt ist oder ... grenzenlos allein und einsam", sagt Wilhelm Lauer. Der Aphoristiker "hat ja selbst nicht viel zu lachen, er macht nur lachen" (Grotjahn). Aphorismen sind Krankheitssymptome und Selbsttherapien zugleich. Typisch ist "die Eleganz, mit der die hemmende Zensur, die durchaus weiter tätig ist, umgangen wird ... daß man den Trieb zulassen und zugleich den Anstand wahren kann" (E. Hirsch). "Lust durch Unlust, doppelte, weil durch Unlust gewürzte Lust" (Vischer). "Das Erleichterungsgefühl wirkt verschärfend auf das Spannungsgefühl zurück" (J. Volkelt), zwischen Trieb und Angst herrscht "reaktive Wirkungsverstärkung" (Th. Reik). "Ein Witz wirkt nur komisch, wenn er Angst erregt und zugleich von dieser Angst befreit" (J. Levine, 1956). Ein Aphorismus ist geistreich, wenn er "alle tabuierten Ausdrücke und anschaulichen Beschreibungen vermeidet" (G. Legman): "Verbale Verführung" statt "verbale Notzucht". "Mach mir nur ein klein wenig Angst, damit ich es genieße, keine Angst mehr zu haben" (Funke). Mitgefangen, mitgehangen : Der Leser reicht den kleinen Finger und sitzt ohne Hand da. Aphoristische Schreckschüsse treiben mit Entsetzen Scherz und sind raffiniertere Verdrängungsformen, Trainingsprogramme, antitraumatische Immunisierungsstrategien, Mutproben und Lockerungsübungen. "Auf den Gräbern alter Ängste gedeihen Witze am besten" : "Die Pointe des Witzes befreit, schüttelt böse und bedrohliche Introjekte ab..." (M. Grotjahn). Der Leser erschrickt nur, um zu erkennen, daß er (k)einen Grund hat. "Lachen ist Erbrechen von Luft..." (S. Ferenczi), das "zugleich Selbstbehauptung und Selbstpreisgabe verrät" (Plessner). "Alle Humoristen sind nach einer Seite Zyniker gewesen" (Vischer), "weil es gesund ist, sich über das lustig zu machen, was über unsere Entrüstungskapazitäten hinausgeht" (P. Sloterdijk). "Moral ist der Stock, der uns zum Krüppel schlägt. Dann dient er uns als Krücke" (Th. Reik). Wirbt der Aphoristiker um Verständnis für sein tiefstes Problem und macht die Leser zu seinen Komplizen? Lerne deiner Angst ins Gesicht zu lachen: Reik sah den Witzerzähler als Helden und den Witz als "Ersatz der Tat". "Die Pfeile des Witzes werden von unten nach oben geschossen" (P. Hofstätter). Sind Aphorismen "harmlos sichere Aggressionsabfuhr", um wirklichen Widerstand überflüssig zu machen? "Das Lachen über Flüsterwitze erleichtert die Anpassung" (H. Speier). "Der Witz ist von Natur ein Geister- und Götterleugner, er nimmt an keinem Wesen Anteil" (Jean Paul). Ist Aphoristik nur ein "Kipp-Phänomen" zwischen Gegensätzen (W. Iser)? Aphoristik ist Humor, der den Witz auch gegen sich selbst richtet. Witz ist Waffe, Humor ist Trost. Der Aphorismus, die Waffe der Wehrlosen, sagt: "Ich bin zu großartig und zugleich zu unwichtig, als daß diese Peinlichkeiten und Schicksalsschläge mich berühren könnten. Nun sieh, ob du es auch nur halb so gut kannst." (Doch Arthur Koestlers "Bisoziation" ist kein Rezeptbuch zur Aphoristikproduktion.)

„Ist es Ein lebendig Wesen,
Das sich in sich selbst getrennt,
Sind es zwey, die sich erlesen,
Daß man sie als Eines kennt."   *(Goethe : Ginkgo Biloba)*

„In Fichtes Freiheitsphilosophie findet die deutsche Frühromantik das Recht, in schöpferischer Subjektivität Phantasie und Witz spielen zu lassen und den Widerstreit zwischen Endlichem und Unendlichem in Ironie, Paradoxien und Aphorismen zu spiegeln." (*Otfried Höffe*: „Kleine Geschichte der Philosophie", München 2005, S. 236)

Evangelium kompakt

- Selig seid ihr Armen, denn das Reich Gottes ist euer. Selig seid ihr, die ihr hier hungert; denn ihr sollt satt werden. Selig seid ihr, die ihr hier weinet; denn ihr werdet lachen. (Evangelium des Lukas, Lk 6, 20-21)
- Selig sind die Sanftmütigen; denn sie werden das Erdreich besitzen. (Evangelium des Matthäus, Mt. 5,5)
-
- Weh euch Reichen! denn ihr habt euren Trost dahin. (Lk 6, 24)
-
- Und wenn ihr denen leihet, von denen ihr hoffet zu nehmen, was zum Dank habt ihr davon? Denn die Sünder leihen den Sündern auch, auf dass sie Gleiches wieder nehmen. Vielmehr liebet eure Feinde, tut wohl und leihet, wo ihr nichts dafür hoffet, so wird euer Lohn groß sein und ihr werdet Kinder des Allerhöchsten sein... (Lk 6, 34-35)
-
- Niemand lebt davon, dass er viele Güter hat." (Lk. 12,15)
-
- Sorget nicht um euer Leben, was ihr essen sollt, auch nicht um euren Leib, was ihr anziehen sollt ... Sehet die Raben an: sie säen nicht, sie ernten auch nicht, sie haben auch keinen Keller noch Scheune, und Gott nährt sie doch. Wieviel mehr seid ihr als die Vögel! Sehet die Lilien auf dem Felde an, wie sie nicht spinnen noch weben: Ich sage euch aber, dass auch Salomo in all seiner Herrlichkeit nicht ist gekleidet gewesen wie deren eine ... Darum auch ihr, fraget nicht danach, was ihr essen oder was ihr trinken sollt, und macht euch keine Unruhe. Nach solchem allen trachten die Heiden in der Welt, aber euer Vater weiß wohl, dass ihr des bedürfet. Verkauft, was ihr habt, und gebt Almosen. Macht euch Beutel, die nicht veralten, einen Schatz, der nimmer abnimmt, im Himmel, wo kein Dieb zukommt und den keine Motten fressen. Denn wo euer Schatz ist, da wird auch euer Herz sein. (Lk 12, 22-34)

- Trachtet am ersten nach dem Reich Gottes und nach seiner Gerechtigkeit, so wird euch solches alles zufallen. (Mt 6, 33)
-
- Ich bin nicht gekommen, das Gesetz aufzuheben, sondern es zu erfüllen ... Es ist aber leichter, dass Himmel und Erde vergehen, als dass ein Tüpfelchen vom Gesetz (Gottes) falle. (Lk 16, 17)
-

– Es ist leichter, daß ein Kamel gehe durch ein Nadelöhr, als daß ein Reicher in das Königreich der Himmel komme." (Lk. 18, 25)

– Kein Knecht kann zwei Herren dienen ... Ihr könnt nicht Gott dienen und dem Mammon. (Lk 16, 13)

– Meinet ihr, dass ich gekommen bin, Frieden zu bringen auf Erden? Ich aber sage euch : Nein, sondern Zwietracht (das Schwert)!

– Von da an wird das Evangelium vom Reich Gottes gepredigt, und jedermann drängt sich mit Gewalt hinein. (Lk. 16,16)

– Gott kennt eure Herzen; denn was groß ist unter den Menschen, das ist ein Greuel vor Gott. (Lk 16, 15)

– Verkaufe alles, was du hast und gib es den Armen, so wirst du einen Schatz im Himmel haben, und komm, folge mir nach! ... Wie schwer kommen die Reichen in das Reich Gottes. (Lk 18, 22-24)

Ihr verlasset Gottes Gesetz und haltet der Menschen Satzungen. (Mk 7, 8)

– Viele aber werden die Letzten sein, die die Ersten sind, und die Ersten sein, die die Letzten sind. (Evangelium des Markus, Mk 10, 31)

– Wer groß sein will unter euch, der sei euer Diener; und wer unter euch will der Erste sein, der sei aller Knecht. (Mk 10, 43-44)

Ich aber sage euch, dass ihr nicht widerstreben sollt dem Übel. (Mt 5, 39)

– Und wie ihr wollt, dass euch die Leute tun sollen, so tut ihnen auch. (Lk. 6, 31)

– So jemand zu mir kommt und hasset nicht seinen Vater, Mutter, Weib, Kinder, Brüder, Schwestern, auch dazu sein eigen Leben, der kann nicht mein Jünger sein. (Lk. 14, 26)

– Hütet euch aber, dass eure Herzen nicht beschwert werden mit Fressen und Saufen und mit Sorgen der Nahrung und dieser Tag nicht schnell über euch komme wie ein Fallstrick; denn er wird unversehens hereinbrechen über alle, die auf Erden wohnen. (Lk 21, 34-35)

INHALT

Kurz und klein, aber fein 7
Körnchen Unwahrheit in Kautabletten 15
Feiner Hausstaub 23
Aus freien Stücken in die Brüche 29
Sternbilder und andere Dauerbrenner 36
Die forsche Niederlage der Grundlagenforscher 42
Cogito, ergo Sumpf : Neue Zaubersprüche 47
Kristallgitter als Spiegelkabinett 53
Unsinniges oder Unstimmiges? 60
In Raten abgestotterte Schuld 66
Ansätze in Hülle und Fülle 73
Großes Allerlei und Einerlei — 82
Unterlegene Überlegungen : Vorwitz & Wahnwitz 88
Metaphorismen korrigieren philosophical correctness 95
Schwarmdebile Wimmelbilder 102
Lektoren und Kollektoren, tobet und lobet zugleich! 110
Aphorismen zur Zeitaltersweisheit 117
Synapsensynopse als Gonzo-Imbroglio 126
Wandert oder seid bewandert! 138
Ohne weiteres ins Weite 145
Über-Ich : Widerstandskämpfer gegen Unterdrücker 148
Nebensätze ohne Hauptsätze 149
Kopfverdreher, Kopfzerbrecher 154
Dichte Welten in dünnen Worten : 165
Preisfrage : „Warum nicht kaufen?" 179
ANHANG 185
Aphorismen zur Zeitaltersweisheit 186
Evangelium kompakt 197

Weiterführendes vom Autor

„Martin Heidegger – Versuch einer Psychoanalyse seines *Seyns*"
(Essen 1993)

„Aphorismen zur Binsenweisheit von morgen" (Essen 1995)

„Am schnellsten vermehrt sich die Unfruchtbarkeit – Essays zur Multi-Kulturlosigkeit" (Oberhausen 1998)

„Objektivität durch Subjektivität oder umgekehrt? – *Phänomenologischer Entwurf einer dekonstruierten Erkenntnistheorie*" (Hamburg 1999)

„Künste und Wissenschaften als verlorene Paradiese –
Essays zur Bedeutung der Kultur-Idyllen" (Norderstedt 2000)

„Philosophische Formelsammlung – *Ambivalente Gedankenexperimente und nachsokratische Fragmente*" (Würzburg 2012)

„Die Liebhaber der Sophie –
Philosophiegeschichte in Philosophengeschichten"
(Norderstedt 2014)

„Gedankenlesen : Hirnforschung ohne Computertomographen –
Philosophie zwischen Wissenschaft, Kunst und Religion"
(DWV : Deutscher Wissenschafts-Verlag, Baden-Baden 2013)

„Zur Tiefenpsychologie der Philosophiegeschichte –
Kurze Geschichte der unbewussten Weltanschauungen :
Wenn die Seele auf den Geist geht"
(Norderstedt 2014)

„Ist *philosophical correctness* eine Kommunikationswissenschaft?"
Versuch über moderne Versuchungen
(Norderstedt 2014)